山西省优秀博士学位论文

体育社会心理学的内容体系研究

TIYU SHEHUI XINLIXUE DE NEIRONG TIXI YANJIU

游茂林 著

中国地质大学出版社
ZHONGGUO DIZHI DAXUE CHUBANSHE

图书在版编目(CIP)数据

体育社会心理学的内容体系研究/游茂林著. —武汉:中国地质大学出版社, 2018.12
ISBN 978-7-5625-4471-5

Ⅰ.①体…
Ⅱ.①游…
Ⅲ.①体育心理学-社会心理学-研究
Ⅳ.①G804.8

中国版本图书馆 CIP 数据核字(2018)第 298218 号

体育社会心理学的内容体系研究		游茂林 著
责任编辑:段连秀	策划编辑:段连秀	责任校对:徐蕾蕾
出版发行:中国地质大学出版社(武汉市洪山区鲁磨路388号)		邮政编码:430074
电　　话:(027)67883511　传真:67883580		E-mail:cbb@cug.edu.cn
经　　销:全国新华书店		http://cugp.cug.edu.cn
开本:787毫米×960毫米 1/16	字数:216千字	印张:10.5
版次:2018年12月第1版	印次:2018年12月第1次印刷	
印刷:荆州鸿盛印务有限公司	印数:1—500册	
ISBN 978-7-5625-4471-5		定价:58.00元

如有印装质量问题请与印刷厂联系调换

前　言

19世纪末期,体育活动中的一些社会心理现象引起了少数研究者的关注,并产生了以Triplett(1898)为代表的体育社会心理学研究,但是这类研究在相当长的一段时间里只是小众行为。直到20世纪60年代,随着社会心理学理论被引入体育领域,体育社会心理学的概念才被提出来。在20世纪90年代,学科观念中的体育社会心理学才得到了主流运动心理学界的认可。如果从19世纪末期算起,国际体育社会心理学研究已有110多年的历史;如果从1968年第2届国际运动心理学大会上出现"Social Psychology of Sport"算起,学科层面的体育社会心理学也有50多年的历史。但是体育社会心理学的学科建设质量不仅与同时期产生的运动心理学相差甚远,即使与后来发展起来的锻炼心理学相比,也难以企及。

一门学科的创建,首先应该理解这门学科是什么,而前提是明确这门学科研究什么。国际体育社会心理学研究者一直仿照社会心理学来认知体育社会心理学,甚至简单地认为"社会心理学研究什么,体育社会心理学就研究什么",忽视了体育社会心理学的本质属性,所以至今研究者们不知道体育社会心理学研究什么,继而无法构建体育社会心理学的理论体系和方法论,体育社会心理学的学科建设工作基础薄弱。

那种认为"社会心理学研究什么,体育社会心理学就研究什么"的观点是缺乏证据的,因为8部体育社会心理学著作只对9个议题产生共识,87个议题只存在于个别著作之中,国际体育社会心理学研究者显然不明确体育社会心理学的研究范畴,而且对"社会心理学研究什么,体育社会心理学就研究什么"的观点并未达成共识,研究者们并没有按照社会心理学的研究内容来组织编写体育社会心理学。不仅如此,社会心理学中的部分议题在体育社会心理学著作中没有提及,而且主流社会心理学著作很少提及与体育相关的话题,同时体育社会心理学重点关注的诸如教练员-运动员关系、主场效应、运动员服用兴奋剂等议题在社会心理学著作中也很少提及。因此,仿照社会心理学来确认体育社会心理学研究内容的做法是不合适的。

从国际体育社会心理学研究的发展历史看,目前没有专门的学术期刊、没有独立的学术组织、没有召开过专门的学术会议、在国际运动心理学界缺乏相应的学科地位。如此看来,体育社会心理学很难被界定为一门学科,导致体育社会心理学的学科建设困难重重。从发展现状来看,至今没有明确体育社会心理学的研究内容应该是关键因素,因为这个因素导致研究者们至今无法有效认知体育社会心理学,而难以开展推进学科发展的相关工作。

鉴于目前国际上还没有比较成熟的、可以借鉴的体育社会心理学理论,本研究通过访谈20名中外运动心理学家,凝练他们学术经验中有关体育社会心理学的知识,初步认知体育社会心理学,结果发现,体育社会心理学的研究范畴至少涉及8类58个议题。

为了进一步明确体育社会心理学的研究内容,根据Mark Anshel、王进等知名运动心理学家的建议,采用理论分析和实践查证两个方法,从21种中外主要学术期刊自创刊以来的载文中检索体育社会心理学的议题，最终确认体育社会心理学的内容包括138个议题。根据目前社会心理学和体育社会心理学的理论，以及国际运动心理学界的学术经验，我们可以得出这样的结论：这138个议题并不是最终结论，只是为大家提供一条具体认知体育社会心理学的路径。体育社会心理学是一门发展中的学科，目前我们对体育社会心理学的认知比较少，在后续研究的支持下，这138个议题主要发挥引导作用，在此基础上，完全可以根据后续发展结果进行增减。但是基于本研究所采用的技术方法，以及考证的深度和广度，研究者确信这138个议题已经圈定了体育社会心理学研究的绝大部分内容，未来的修订工作将仅限于个别议题的增减。

由于社会心理学与体育社会心理学存在着天然的母子关系，所以对体育社会心理学研究内容进行分类，应该遵循基本的社会心理学理论，可以把体育社会心理学的研究内容分为心理学的体育社会心理学、社会学的体育社会心理学和文化人类学的体育社会心理学三大类；然后根据社会心理学界比较公认的观点，对138个议题进行归类。

长期以来，我们对学科研究内容认知仅限于研究什么的层面，至于这些议题之间的关系，很少被呈现出来。本研究为了清楚地认知体育社会心理学研究的内部关系，依托Nvivo 8质性分析软件的模型功能，构建了体育社会心理学研究内容的纵向体系，结果显示，部分议题被深度研究，已经细分出了5个层级的子议题。

著　者
2018年5月

目 录

第一章 概 论 ……………………………………………………… (1)
    第一节 体育社会心理学的概念 ……………………………… (4)
    第二节 国际体育社会心理学的发展历程 …………………… (6)
    第三节 明确体育社会心理学研究内容的重要性 …………… (18)
    第四节 研究的目的与意义 …………………………………… (23)
    本章小结 ………………………………………………………… (26)

第二章 体育社会心理学的研究方案 ………………………… (27)
    第一节 研究方法 ……………………………………………… (27)
    第二节 研究步骤 ……………………………………………… (39)
    第三节 技术路线 ……………………………………………… (40)

第三章 国际运动心理学界对体育社会心理学的认知 ……… (42)
    第一节 访谈对象与分析方法 ………………………………… (44)
    第二节 结果与分析 …………………………………………… (49)
    第三节 讨 论 ………………………………………………… (54)
    本章小结 ………………………………………………………… (59)

第四章 体育社会心理学研究内容的技术方法 ……………… (61)
    第一节 研究方法 ……………………………………………… (62)
    第二节 结果与分析 …………………………………………… (63)
    第三节 讨 论 ………………………………………………… (67)
    本章小结 ………………………………………………………… (68)

第五章 体育社会心理学研究内容的界定 …………………… (69)
    第一节 对体育社会心理学的研究内容缺乏一致认知 ……… (70)

第二节　体育社会心理学研究内容的检索范围 …………………… (74)
　　第三节　著作中讨论较多的体育社会心理学研究内容 …………… (82)
　　第四节　社会心理学著作中讨论较多的议题 ………………………… (86)
　　第五节　运动心理学研究者认可的体育社会心理学研究内容 …… (89)
　　本章小结 ……………………………………………………………… (91)

第六章　体育社会心理学研究内容分类 ………………………………… (92)
　　第一节　依据理论对体育社会心理学研究内容进行分类 ………… (97)
　　第二节　根据研究倾向性对体育社会心理学研究内容进行分类 … (102)
　　本章小结 ……………………………………………………………… (104)

第七章　体育社会心理学研究的内容体系 ……………………………… (106)
　　第一节　心理学倾向的体育社会心理学研究的内容体系 ………… (106)
　　第二节　社会学倾向的体育社会心理学研究的内容体系 ………… (111)
　　第三节　文化人类学倾向的体育社会心理学研究的内容体系 …… (114)
　　第四节　体育社会心理学研究的内容体系 ………………………… (115)
　　本章小结 ……………………………………………………………… (118)

第八章　结束语 …………………………………………………………… (120)

参考文献 ………………………………………………………………… (122)

附录1　体育社会心理学研究议题评审表 ……………………………… (132)
附录2　Which Topics are Social Psychology of Sport? ……………… (134)
附录3　邀请国外研究者参与问卷调查的邮件 ………………………… (137)
附录4　20名中外运动心理学家对体育社会心理学的认知 …………… (138)
附录5　辨别体育社会心理学研究内容的技术方法的访谈信息 ……… (144)
附录6　8部体育社会心理学著作载文情况 …………………………… (148)
附录7　11部社会心理学著作载文情况 ………………………………… (151)
附录8　基于社会心理学著作内容确认的体育社会心理学研究内容 … (155)

致　　谢 ………………………………………………………………… (159)

第一章 概 论

1898年，美国学者Norman Triplett在《American Journal of Psychology》上发表后来被称作社会促进效应的论文《The Dynamogenic Factors in Peacemaking and Competition》，国际体育社会心理学研究者通常将这篇论文视为体育社会心理学研究诞生的标志（邱卓英和邱宜均，1995；Jowett和Lavallee，2007；王进，2013），因此，国际体育社会心理学研究已经有110多年的历史，但是至今国际上没有体育社会心理学的学术组织、没有体育社会心理学的专业期刊、没有一部体育社会心理学教科书再版过、没有培养出体育社会心理学专业的学生、没有组织召开过专门的体育社会心理学学术会议，甚至2013年在北京体育大学召开的第13届国际运动心理学大会也没有组织体育社会心理学的专题讨论（张力为，2013）。国际体育社会心理学的发展现状令人深思，是什么原因制约着体育社会心理学的学科发展？

清华大学教授蔡曙山（2002）指出，科学研究发展成熟而成为一门独立学科的标志是：必须有独立的研究内容、成熟的研究方法、规范的学科体系。时至今日，国际运动心理学还不能有效地界定体育社会心理学（游茂林和石岩，2015），而关乎体育社会心理学学科独立发展的基本要素更无从谈起。迄今没有研究者具体阐述过体育社会心理学应该研究什么？体育社会心理学研究通常采用哪些科学方法？如何构建体育社会心理学的学科体系？实际上，我们一直在不恰当地应用社会心理学概念来认知体育社会心理学（Morris，2013），流行观念中的体育社会心理学本质上是社会心理学在体育领域中的表现形式，并不是体育社会心理学的现实写照。

Jowett和Lavallee（2007）认为，理解体育社会心理学是什么，看看它的研究内容就可以知道。关于体育社会心理学的研究内容，目前有两种比较流行的观点：一种观点认为"社会心理学研究什么，体育社会心理学就研究什么"。例如国内一位知名的运动心理学家说："体育社会心理学脱离不开社会心理学的研究内容,体育社会心理学中的独特研究内容并不多"。另一种观点认为"与体育相关的社会心理学研究都是体育社会心理学的研究内容"(Hagger 和 Chatzisarantis,2005;Jowett 和 Lavallee,2007)。

前一种观点没有理性区分社会心理学与体育社会心理学的关系,体育社会心理学到底是社会心理学的一部分,还是社会心理学在体育领域中的复制品? 毫无疑问,体育社会心理学不可能超越社会心理学的范畴。如果体育社会心理学是社会心理学在体育领域中的复制品,社会心理学的研究内容都可以纳入体育社会心理学的研究范畴;如果体育社会心理学只是社会心理学的一部分,就有必要辨别体育社会心理学的研究内容。综合比较 11 部社会心理学著作和 8 部体育社会心理学著作的载文内容(表 1-1、表 1-2),可以发现运动员服用兴奋剂与吸毒、酗酒、吸烟等行为不能相提并论,教练员-运动员关系也不同于一般的人际关系,而且主流社会心理学著作中基本不会提及主场效应等体育社会心理学内容。由此可见,认知体育社会心理学的研究内容不能照搬社会心理学的议题。

表 1-1　11 部社会心理学著作

作者(年份)	著作
Kruglanski 和 Stroebe(2012)	Handbook of the History of Social Psychology
Fletcher 和 Clark(2003)	Blackwell Handbook of Social Psychology
Bordens 和 Horowitz(2008)	Social Psychology
Delamater 和 Ward(2013)	Handbook of Social Psychology
Hogg 和 Cooper(2007)	The SAGE Handbook of Social Psychology:Concise Student Edition
Lange 等(2012)	Handbook of Theories of Social Psychology
Baron 和 Branscombe(2012)	Social Psychology
Hogg 和 Vaoghan(2011)	Social Psychology
Kassin(2011)	Social Psychology
Myers(2010)	Social Psychology
乐国安(2008)	社会心理学

表1-2 8部体育社会心理学著作

作者(年份)	著作
Carron(1980)	*Social Psychology of Sport*
Cratty(1981)	*Social Psychology in Athletics*
黄金柱(1985)	体育社会心理学
Iso-Ahola 和 Hatfield(1986)	*Psychology of Sports: A Social Psychological Approach*
Russell(1993)	*The Social Psychology of Sport*
Hagger 和 Chatzisarantis(2005)	*The Social Psychology of Exercise and Sport*
Jowett 和 Lavallee(2007)	*Social Psychology in Sport*
王进(2013)	当代体育社会心理探索——从理论到实践

后一种观点混淆了"体育"到底是体育社会心理学的样本还是知识源泉？如果体育只是研究样本，此类研究本质上属于社会心理学，因为体育活动是社会现象的一种(Gill,1986)。诚然，我们不能否认以体育现象为样本的社会心理学研究在体育社会心理学中的地位，但不应忽视竞赛效应、观众效应、主场效应、体育暴力、运动员服用兴奋剂等来源于体育环境的知识对确立体育社会心理学学科地位的主导作用。

由此可见，社会心理学关注的内容并不一定被体育社会心理学复制，体育社会心理学的议题也并不总是来源于社会心理学(游茂林和石岩,2015)。套用社会心理学概念来界定体育社会心理学的做法，掩饰了体育社会心理学的特殊性，而此种"特殊性"也是生理心理学、运动心理学、社会心理学等从心理学中分化出来的动因。

再来思考为什么国际运动心理学界抛开社会心理学根本无法回答"什么是体育社会心理学"？其根本原因就在于研究者们从来没有深入论证过体育社会心理学研究什么。从宏观层面看，体育社会心理学可以套用社会心理学知识，因为体育社会心理学本质上属于社会心理学；但从微观层面看，仿照社会心理学难以有效表达体育社会心理学，因为社会心理学包含心理学、社会学和文化人类学三种倾向(周晓虹,1991)，"什么是社会心理学"本身就是一个很难回答的问题(Rogers,2003),这可能是现有体育社会心理学著作包含不同研究内容的主要原因。例如从8部体育社会心理学著作的载文情况看,只有领导、体育运动中的行为、竞争与合作、团队凝聚力、动机、社会促进、人际关系、社会认知和社会化9个议题得到共识(但所包含的具体研究内容又有所不同),另外有17个议题只获得了部分著作者的认可,87个议题仅存在于个别著作中。

综上所述,研究者们至今无法明确体育社会心理学的研究范畴。可是,研究内容是支撑一门学科创建的基础,只有明确了研究内容,才能构建方法论和理论体系(王康乐,2006)。因此,推动体育社会心理学学科发展的前提是明确"体育社会心理学研究什么"。

第一节 体育社会心理学的概念

借用社会心理学概念来界定体育社会心理学是国际运动心理学研究者的普遍做法(游茂林和石岩,2015)。在体育社会心理学研究内容不明确的情况下,确实难以对体育社会心理学做出一个准确的定义。不过,我们可以从社会心理学和已经存在的体育社会心理学定义中初步了解体育社会心理学的基本特征。

一、社会心理学的概念

社会心理学概念可以追溯到 Gustav Adolph Lindner(1871)的著作《Ideen zur Psychologie der Gesellschaft als Grundlage der Sozialwissenschaft》(《社会心理学作为社会科学基础的理念》),该书将社会心理学界定为:描述和解释基于个体相互精神影响和因此产生的所有社会精神生活现象(Kruglanski 和 Stroebe,2012)。随后,社会心理学的发展产生了两种倾向:以 Ross(1908)为代表的社会学倾向和以 McDougall(1908)为代表的心理学倾向(马怡和翟学伟,2003)。第二次世界大战的爆发使欧洲社会陷入空前困境,社会学倾向的社会心理学举步维艰,而心理学倾向的社会心理学依托美国和平稳定的社会环境,借助先验主义的春风,成为国际社会心理学的统治者(杜立婕,2003)。在后现代社会心理学产生之前,国际社会心理学界的主流思想是美国的心理学倾向的社会心理学。直到20世纪60年代,欧洲社会心理学复兴,重新将社会学倾向的社会心理学推向前台(王恩界,2008)。由于第二次世界大战给全人类造成了严重的心理创伤,社会心理学在二战后发挥了重要作用。但随着二战心理效应逐渐消退,社会心理学家们开始将目光从心理学的"治愈"功能中转移,对社会行为的关注让他们开始重视文化人类学的社会心理学贡献,并追踪溯源到19世纪末期的民族主义心理学(周晓虹,1991)。

由此可见,实际上现代社会心理学由三大部分组成:①坚持心理学倾向的研究者推崇Allport(1924)的定义:社会心理学试图了解和解释个体的思想、情感和行为怎样受他人的现实的、想象的和暗示的存在所影响。②社会学倾向的研究者支持Ellwood(1925)的观点:社会心理学是关于社会互动的科学,以群体生活的心理学为基础,以对人类反应、沟通以及本能和习惯行为的群体塑造类型的解释为出发点,研究个体的社会行为的心理学,有利于对个体生活在其中的历史与社会环境的理解。③尽管社会心理学家对文化人类学贡献的认识较晚,依然也有相关的界定,如周晓虹(1991)认为文化人类学的社会心理学是从文化因素入手探索有关人类行为的解释。

不仅如此,很多研究者还根据自己的个人判断,提出了个性化的社会心理学定义。例如Myers(2006)认为,社会心理学是对人们的思维方式、社会影响、人际关系以及社会心理学原理在日常生活中应用的科学研究,是一门关于我们周围情境力量的科学。这种仁者见仁、智者见智的情况,已经导致"什么是社会心理学"成为一个难以回答的问题。

二、体育社会心理学的概念

虽然Kenyon(1970)、Martens(1970)和Richardson(1972)早就论述过"Social Psychology of Sport",但是很少有研究者对体育社会心理学进行界定,因为他们坦言是根据社会心理学理论编写著作(Martens,1975;Cratty,1981;Iso-Ahola和Hatfield,1986;Russell,1993;Hagger和Chatzisarantis,2005;Jowett和Lavallee,2007)。言外之意是,有了社会心理学的定义,就没有必要再对体育社会心理学进行界定。目前能够查阅的3个定义,也有套用社会心理学概念之嫌:Carron(1980)认为体育社会心理学是研究社会心理因素对竞技和体育活动中的行为和成绩的影响;刘周敏(2006)认为体育社会心理学是研究体育活动中的各种社会心理现象;王进(2013)认为体育社会心理学是研究体育活动中的个体认知、情感、相关他人的社会过程效应的科学。

周晓虹(1997)指出,社会心理学有3种倾向:心理学的社会心理学、社会学的社会心理学和文化人类学的社会心理学。这3种倾向的社会心理学观念尚未被体育社会心理学研究者所接纳,绝大部分研究者采用了Allport(1924)的观点,即社会心理学试图了解和解释个体的思想、感情和行为怎样受他人的现实的、想象的和暗示的存在所影响。

体育社会心理学研究必然符合社会心理学的基本特征,所以体育社会心理学可以概括性地界定为:研究体育情境中的社会心理现象。但是这样的定义显然无法清晰地勾画出体育社会心理学的核心特质。很显然,体育社会心理学急需一个言简意赅、简明达意的定义,而这个定义的提出基础必然是明确了体育社会心理学的研究内容。

第二节 国际体育社会心理学的发展历程

根据相关著作中介绍的体育社会心理学知识,依托国际体育科学文献数据库Sportdiscus中储存的信息,本书详细考证了国际体育社会心理学研究的发展历程。

一、体育社会心理学研究的出现

人们思考社会心理学问题的历史可以追溯到人类能够顾及彼此的时代,但系统的、科学的社会心理学研究直到19世纪末期才出现(Kassin等,2011)。当时,欧美国家体育文化蓬勃发展,特别是竞技体育、职业体育和体育传媒的进步,以及现代夏季奥运会的复兴,体育运动中的心理现象引起了人们的关注,经常有运动员、教师、记者、医生等在报刊上撰文予以评论(King等,1995),因此19世纪末期应该产生了一些体育社会心理学方面的评论和学术论文,但受制于文献储存和检索技术,现在很难查阅到那些文献(Green和Benjamin,2009),那个时代的国际体育社会心理学研究情况暂时难以深度考证。

从目前可以查阅的文献信息来看,体育社会心理学研究出现在19世纪末期,最著名的研究成果是Triplett(1898)发现美国自行车运动员单独骑行与比赛时的成绩差异,然后实施了一项试验,得出竞争和他人在场会影响参赛者成绩的结论。Sportdiscus中还储存着另外3项公开报道于19世纪末期的研究:①Tissié(1894)观察一名法国自行车运动员,发现他比赛成绩比训练成绩好,认为与他人竞争有助于提高骑行成绩。②Santayana(1894)分析了人们参加体育活动的动机。③Mosso在1894年7月组织10名意大利山地军人登上Monte Rosa,11~19日他们住在4560m的临时营地,期间进行体能测试。他发现登山过程中领头的人会比后面的人更快地感到疲劳;引体向上测试中士兵们会自发产生一种互相竞争的态势,导致重复次数不可思议地超过力竭上限(游茂林,2014)。

　　尽管当时的研究者们并没有故意创建体育社会心理学学科或开展体育社会心理学研究的主观意愿,但从历史的视角来看,这4篇论文开始了体育社会心理学方面的研究,特别是Triplett(1898)的研究,经过Allport(1924)介绍,让后来的一些学者意识到了体育社会心理学研究的存在(Kenyon,1970;Martens,1970;Richardson,1972)。

二、国际体育社会心理学研究陷入低潮

　　19世纪末期出现的体育社会心理学研究并没有在20世纪初得到迅猛发展,尽管当时社会心理学和运动心理学的良好开端从理论上为体育社会心理学创造了发展环境,但Sportdiscus收录的1900—1929年间的杂志文章429篇、研究报告1632份、期刊论文233篇、著作42部和学位论文12篇,其中与体育社会心理学相关的报道只有7份,分别是:①Patrick(1903)认为参加足球运动可以减轻心理紧张。②Wallace(1908)分析了大学体育对道德的影响。③Sehe(1910)提出可以通过体育教育实施道德教育。④Smith(1914)论述了体育活动的道德价值。⑤Sargent(1915)认为参加体育活动可以增强女性自信心。⑥Slither(1917)分析了教职工对学校体育的态度。⑦Silcox(1919)介绍了体育运动中的礼节。而20世纪30年代仅《The American Journal of Psychology》《Journal of Social Psychology》和《Research Quarterly for Exercise and Sport》3种期刊发表的体育社会心理学论文就有19篇。

除了研究成果数量较少,这种低潮状态还表现为:①前人的研究成果似乎没有得到有效继承,首先,研究者们关注了心理状态、道德、自信心、态度和礼节等新问题,而不是对社会促进和动机进行深入研究;其次,基于研究者个人经验和知识的精神分析法被广泛采用,实证和试验的方法也没有得到继承。②研究对象主要集中在个体层面,群体层面的问题几乎被忽视,所以研究深度没有进展。③部分研究者似乎努力避免研究体育相关的问题,例如有关观众(如 Gates,1924)和竞争(如 Whittemore,1924)效应的研究是受 Triplett(1898)的启发,却选择了生产领域作为研究情境。

三、体育社会心理学研究开始兴起

Cratty(1981)将体育社会心理学兴起的时间划分在 20 世纪 50 年代末期,如果他当时能够掌握更全面的文献资料,应该能够发现这种迹象开始于 20 世纪 30 年代。首先,国际体育社会心理学研究成果数量较之以前出现了明显增加,在 1930—1959 年期间就发表相关论文 80 篇,其中 50 年代的数量几乎是 40 年代的 1.5 倍,而且在第二次世界大战期间仍有 9 篇论文发表(图 1-1)。此外,1932 年匈牙利学者 Doros György 在《Testneveles》杂志上发表的论文《A Sportmozgalom Farsadalmi Lelektana》(Social Psychology of Sport Movement)提出了一个非常接近体育社会心理学的概念。

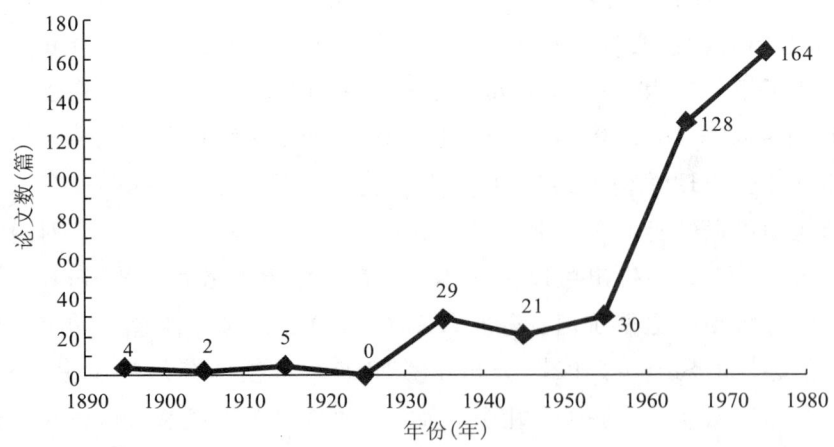

图 1-1 体育社会心理学发表论文数量的增长趋势

其次,研究选题形成了人格(Personality)、态度和兴趣3个主要论点(表1-3),还在不断扩大研究范围,并且部分研究者同时考虑了两个议题,如Craig(1939)调查了大学生的体育兴趣与态度。尽管他们还局限于现状描述,没有考虑不同变量之间的交互作用,但相较于仅对一个议题的分析,这种研究形式已经体现出体育社会心理学研究复杂化的趋势。到20世纪50年代,少数研究者开始深化议题,对态度的研究扩展到体育精神态度(McAfee,1955)和自我态度(Isenberger,1959)。由此可见,从20世纪30年代开始,体育社会心理学研究的视域开始朝横向和纵向两个方面扩展。

表1-3　1930年至1959年体育社会心理学研究的议题

年代	30年代	40年代	50年代
议题	人格(7) 态度(6) 兴趣(6) 需要(3) 诚实(2) 领导(1) 目标(1) 性格塑造(1) 运动员关系(2)	人格(4) 态度(8) 兴趣(4) 需要(2) 团队地位(2) 社会价值(1)	人格(6) 态度(9),包括态度(7)、体育精神态度(1)和自我态度(1) 兴趣(3) 需要(2),包括需要(1)和需要偏好(1) 地位(3),包括队友地位(1)和职业地位(2) 动机(1) 攻击(1) 压力适应(1)

注:括号里的数字表示该议题被讨论的次数。

体育社会心理学的研究技术也开始取得进步,以人格研究为例,Ragsdale(1932)推断体育专业学生人格的依据是他们提交的入学申请材料中自己陈述的兴趣、理想和社会经历,高中负责人或老师对其性格和能力的评价,以及大学班主任对其评分和评价;而Blanchard(1936)编制了行为频率等级量表(Behavior Frequency Rating Scale)用来测量体育课学生的人格;随后的研究者采用心理学家研制的标准量表,如明尼苏达多项人格测验(Minnesota Multiphasic Personality Inventory)测评体育专业大学生(Mochel,1949)和运动员(Booth,1957)的人格。

综合考量国际体育社会心理学研究的发展历史,不难发现,体育社会心理学从20世纪30年代开始被看作一个新兴的研究领域,虽然研究者们还没有赋予它"体育社会心理学"的概念,但已经在有意开展相关研究。

四、体育社会心理学理念的形成

从20世纪30年代至50年代末期形成的体育社会心理学研究思潮在60年代正逢后现代社会心理学的崛起(王小章和周晓虹,1994)和运动心理学的创建(McCullagh,1995),这可能鼓励了研究者们从学科视角看待体育社会心理学研究。

1968年,美国学者Gerald Kenyon在第2届国际运动心理学大会上报告论文《Social Psychology of Sport and Play》,根据当时的社会心理学理论,认为体育社会心理学应该关注小团体、社会化、态度、社会改变、社会影响、顺从、沟通、攻击性行为等问题,并且他发现第1届国际运动心理学大会上已经报道了一些体育社会心理学方面的研究成果。此外,Kenyon和Grogg(1970)编辑出版的第2届国际运动心理学大会论文集第2章第2节的标题是《Social Psychology of Sport and Activity》,包含人际关系、领导、自我、性别地位、态度、成就动机等议题的12篇论文。这提示:①当时国际运动心理学界对体育社会心理学的认知尚不成熟,但以Kenyon为代表的部分研究者已经意识到这个新研究领域的存在。②社会心理学和运动心理学的成熟支持了体育社会心理学理念的产生,因为Kenyon的学术观念产生于社会心理学,取材于体育情境,而通过运动心理学的学术会议予以传播。

为什么体育社会心理学理念产生于20世纪60年代末期?回顾当时国际体育社会心理学研究的态势,可以发现"量变到质变"的规律:Sportdiscus中收录1960—1969年间的体育社会心理学论文128篇,10年中发表的论文数量超过之前的总和,而且数量在整体上呈现出增长趋势,特别是自1962年开始,这种增长的趋势更加明显,而且60年代末期,增长速度明显加快(图1-2)。

另外,体育社会心理学的研究范围也发生了明显的变化(表1-4),与之前的研究内容相比,人格和态度依然是被讨论最多的议题,但其他议题有39个,总体研究范围大约是之前的4倍。

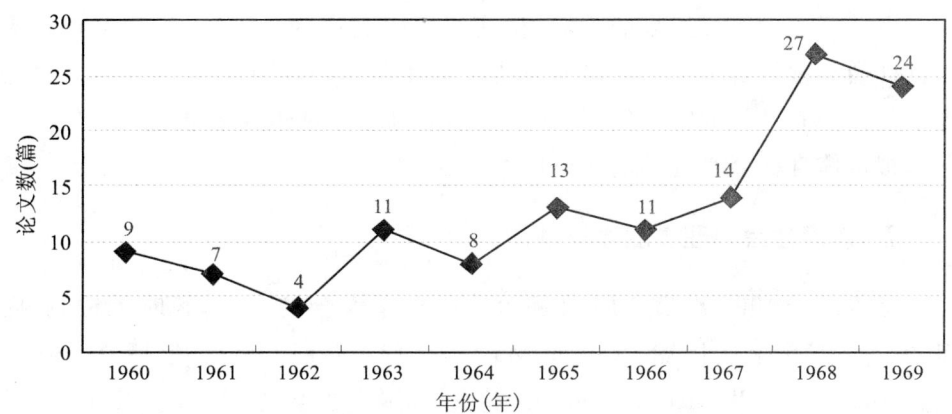

图1-2 20世纪60年代国际体育社会心理学的研究论文

表1-4 20世纪60年代国际体育社会心理学研究议题分布情况

议 题	讨论次数	议 题	讨论次数	议 题	讨论次数
态度[体育道德态度(1)]	31	个人价值观	1	心理健康	1
人格[个性(1),性格(1)]	30	竞争与合作	1	焦 虑	6
出生顺序	1	成功恐惧	1	动 机	5
父亲运动兴趣知觉	1	身体概念	1	兴奋剂	3
观众效应	5	角色冲突	1	归 因	5
心理特征[社会心理特征(1)]	2	团队凝聚力	5	激 励	4
身份[性别身份(1)]	2	刻板印象	1	兴 趣	4
种族[民族统一(1)]	2	跨文化比较	1	偏 见	1
社会情绪氛围	1	体育道德	4	情 绪	1
社会心理归因	1	社会促进	1	适 应	1
预计对手实力	1	社会化	1	信 念	1
自我[自我概念(3),自我实现(1),自尊(1)]	5	团队动力	1	压 抑	1
人际关系[队友关系(1),教练员-运动员关系(1)]	4	团队氛围	1	领 导	3
		心理发展	1	攻 击	2

注:括号里的数字代表该议题被讨论的次数。

得益于前期研究成果的积淀,量变终于引起质变,研究者们逐渐认识到体育社会心理学是一个新的研究方向。例如 Kenyon(1970)认为体育社会心理学是社会心理学的特殊领域,并按照当时社会心理学和运动心理学发展情况来拟定体育社会心理学的研究内容。

五、体育社会心理学的学科创建

是否缘于 1968 年第 2 届国际运动心理学大会的影响,暂时无法判断。但 20 世纪 70 年代伊始,Rainer Martens(1970)在《Quest》上撰文《Social Psychology and Physical Activities》论述了体育社会心理学,以及 Howard Richardson(1972)在《Contemporary Education》上发表《A New Discipline:The Social Psychology of Sport》,首次明确从学科角度讨论了体育社会心理学,由此掀起了国际体育社会心理学学科建设的高潮。这段有史以来最积极的学科建设工作持续到了 80 年代,迄今 10 部体育社会心理学著作中的 5 部,以及 7 篇从学科角度讨论体育社会心理学的论文中的 3 篇发表于这段时间(Martens,1975;Carron,1980;Cratty,1981;黄金柱,1985;Iso‐Ahola 和 Hatfield,1986;Martens,1970;Richardson,1972;Foon,1987)。此外,从 20 世纪 70 年代开始,研究者们开始整体性地用社会心理学理论讨论体育领域中的问题(Bouet,1970;McIntyre,1971;Valentinova,1971;Jones,1971;Duthie,1972;Ball,1973;Lenk 和 Lueschen,1974,1976;Petrie,1975;Prenner,1976;Hendry,1976;Roberts,1978;Reis 和 Jelsma,1978;Mann 和 Pearce,1978;Chorbajian,1978)。与此同时,体育社会心理学的研究成果大幅增加,仅《International Journal of Sport Psychology》一家期刊在 1970—1989 年间就发表了 203 篇与体育社会心理学相关的论文。

20 世纪 80 年代学科建设工作更加蓬勃发展,来自世界多个国家(中国、美国、加拿大、英国、澳大利亚、法国、德国等)的学者通过学术期刊、学术会议、书籍章节和 4 部著作介绍体育社会心理学知识(Inglis,1980;Parlebas,1985;Ingram,1985;刘慎年,1986;Gauvin,1986;Bertels 和 Van‐Rensbergen,1987;Trent 和 Adrian,1985;Frey,1986;Rees,1988)。这个时期,美国部分高校还开设了体育社会心理学课程。例如 Martens 利用自己编写的教科书《Social Psychology and Physical Activity》在伊利诺伊大学香槟分校面向体育专业研究生开设体育社会心理学选修课,而密西根州立大学的Gould教授也采用Martens编写的教材给博士生开设《Social Psychology of Sport》课程(Jowett和Lavallee,2007)。

由此可见,当时研究者们积极开展的相关工作,包括试图将体育社会心理学发展成一门学科的愿望,但是研究者们并没有提出独立的、明显区别于社会心理学的体育社会心理学概念,实际上他们一直在向体育领域移植社会心理学知识。

六、体育社会心理学的学科建设热度下降

尽管体育社会心理学的基本理论问题还没有解决,学科视角下的体育社会心理学还没有从社会心理学中脱胎出来,但是体育社会心理学研究在20世纪90年代得到了主流运动心理学研究者的认可(苏庆富,2005),不过研究者们专注于具体议题的研究,并不考虑选题的学科属性[①]。因此,尽管20世纪90年代体育社会心理学方面的研究成果很多,但体育社会心理学的学科概念开始弱化,整体性讨论体育社会心理学的研究者较少,国际体育社会心理学研究呈现出"重具体问题研究,轻学科理论构建"的特征,例如《Research Quarterly for Exercise and Sport》《Psychology of Sport and Exercise》《Journal of Sport and Exercise Psychology》《International Journal of Sport Psychology》《Journal of Sports Science》《The Sport Psychologist》《Quest》和《Applied Sport Psychology》8种期刊在90年代发表了624篇体育社会心理学方面的论文,但是只有10篇论文整体性地讨论了体育社会心理学问题(Connelly和Rotella,1991;Feltz,1992;Yaron和Jim,1992;Rose和Jevne,1993;Brawley,1993a,1993b;Ebbeck和Becker,1994;Brawley和Martin,1995;Perna等,1996;Williamsab和Andersen,1998),而且这个时期只有2部以《体育社会心理学》为名的著作出版(Russell,1993;季浏和朱学雷,1996),只有Brawley和Martin(1995)、邱卓刚和邱宜均(1997)从学科角度讨

---

① Mark Anshel教授接受笔者访谈时的观点:Most research is social psychology of sport when you examine how environmental factors influence psychological factors, and how they both influence performance. Researchers do not label their research as "social psychological". This is a concept that explains one component of sport psychology.

论了体育社会心理学。

此外，体育社会心理学开始面临着体育社会学（Sabo，1993；Leonard，1998）、体育教育学（Carron，1994；Papaioannou和Goudas，1999）和运动心理学（Biddle，1993；Slepicka，1995；Hutzler和Sherrill，1999）的分解，相关著作都收集了体育社会心理学的部分内容，却没有将这些内容标定在体育社会心理学范畴。

20世纪90年代，很多研究者开展了体育社会心理学方面的研究，却不认为自己的研究是体育社会心理学性质的，他们更愿意用研究情境来标定研究性质。这种思潮可能是体育社会心理学的学科创建在90年代遇到的最大困难，而且显著性地削弱了体育社会心理学的学科发展动力。

七、21世纪体育社会心理学学科问题的研究

一边是日渐丰富的研究成果，一边是开始没落的学科地位。这种在20世纪90年代形成的国际体育社会心理学研究格局延续至今。现代主流运动心理学教科书中都会介绍体育社会心理学方面的内容（Cox，2011；张力为和任未多，2000；季浏等，2007；石岩，2007）。例如石岩（2007）编写的《体育运动心理学问题研究》第二章名为"体育社会心理学"，重点介绍了体育领域中的攻击与暴力现象。运动心理学学术会议上体育社会心理学方面的内容也是主要论题。例如张力为（2010）介绍，我国召开的第9届全国运动心理学大会上报道心理健康论文66篇、社会心理论文50篇、动机论文29篇。而且按照现代社会心理学和体育社会心理学著作中的知识（Delamater和Ward，2013；Myers，2010；乐国安，2008；Hagger和Chatzisarantis，2005；Jowett和Lavallee，2007；王进，2013），2014年5种主要国际运动心理学期刊共发表论文225篇，其中122篇论文涉及体育社会心理学问题（表1-5）。

但是国际运动心理学界对体育社会心理学的学科态度并不积极。例如2000—2014年只有3部以《体育社会心理学》为名的著作出版（Hagger和Chatzisarantis，2005；Jowett和Lavallee，2007；王进，2013）；11种主流国际期刊（除了前文所述8种期刊，还包括《The Journal of Social Psychology》《Sociology of Sport Journal》《The American Journal of Psychology》）中只有少数学者继续整体性地采用社会心理学理论讨论体育领域中的心理问题

表 1-5　2014 年 5 种主要国际运动心理学期刊发表的体育社会心理学论文

期刊	载文数量	刊载体育社会心理学论文情况	
		数量	议题分布
International Journal of Sport Psychology	22篇	18篇	完美主义(6)、动机(3)、承诺、多维完美主义、攻击、激情、集体效能、焦虑、竞赛状态焦虑、满意度、努力、身体意象满意度、身体自我概念、突变理论、团队成绩自信、团队统一、兴奋剂使用态度、压力、运动员精神定向、符合运动员精神的行为、主观偏见、自我控制损耗、自我评估、自尊
Psychology of Sport and Exercise	89篇	38篇	动机(6)、刻板印象(3)、幸福(3)、需要(3)、自我效能(3)、倦怠(2)、社会认知(2)、自发动机(2)、自我控制(2)、自我谈话(2)、动机氛围、内部动机、反事实思想、感知积极和消极心理动量的变化、个性、绩效满意度、激情、坚持性、目标、内部目标、偏见、亲社会和反社会行为、情绪、社会认同、社会心理氛围、社会心理因素、团队凝聚力、完美主义、消极情感反应、心理健康、心理需要满意度、需要满意度、压力、依附动机、职业压力、主场效应、自发动机、自我决定动机、自我决定理论、自我图示、自我厌食、自主支持、运动员的宗教和精神、运动心理学家的种族考虑
Journal of Sport and Exercise Psychology	49篇	31篇	幸福(3)、压力(2)、成就目标(2)、身体自我概念(2)、心理健康(2)、自我效能(2)、自尊(2)、动机、动机氛围、动机前因、奋斗目标、基本需要满意度、集体效能、教练员-运动员关系、紧张、决策、乐趣、内隐动机、情感、情绪、劝说影响、社会支持、社会遵从、身份、嫉妒、身体自我描述、生活满意度、团队完美主义、完美主义、消极社会互动、整体自尊、支持感、主观运动能力、自发动机、自我报告、自我损耗、自我同情、自信
Applied Sport Psychology	32篇	18篇	需要满意度(3)、运动决策(2)、运动员身份(2)、自我决定(2)、自我效能(2)、自尊(2)、变革型领导、成绩焦虑、动机调节、动机氛围、对外部奖赏的感知、沟通、教练员-运动员互动、倦怠、内部动机、身体意象、生活满意度、信任、幸福、运动员职业决策、自发动机、自我调节、自我谈话、最佳心理状态
The Sport Psychologist	33篇	17篇	运动体验(3)、幸福(2)、自信心(2)、社会心理因素、社会化、社会代理人、动机、动机氛围、紧张、团队规则、团队身份、集体效能、言语沟通、公众期望、压力、自我效能、自我实践、自我谈话

注：同一篇论文会包含多个体育社会心理学议题，括号中的数据表示议题被讨论的次数。

（Vernacchia 等，2000；Kranea 等，2002；Lewis 等，2006；Podlog 和 Eklund，2007；Karelis 等，2008；Opdenacker 等，2009；Petrie 等，2009；Gill，2009；Anderson 等，2011）；只有 Gill（2009）从学科层面讨论了体育社会心理学。可见，体育社会心理学的整体性被忽视了（Morris，2013），从学科角度看待体育社会心理学的研究比较少。因此，不难理解第 13 届国际运动心理学大会包括 4 个部分：运动与锻炼心理、运动技能与学习、研究方法学和特殊问题（张力为，2013），其中有许多体育社会心理学研究，却未能促成一次体育社会心理学的专题讨论。

此外，还有一个有趣的现象发生在体育社会心理学的故乡——北美，自 Russell（1993）之后，美国和加拿大学者就没有出版过以"体育社会心理学"为名的著作，而且他们的学术观念发生了很大变化，现在主要基于体育管理学思想开展相关研究，利用社会心理学的理论解决体育领域中的问题[①]，所以他们认为自己的研究属于体育管理学，而不是体育社会心理学。

20 世纪 90 年代以来，除了 Russell（1993）、Brawley 和 Martin（1995）、Gill（2009），就没有其他北美学者从学科角度正式讨论体育社会心理学，其他从学科层面讨论体育社会心理学的论著几乎都来自欧洲和中国。虽然在中国整体性讨论体育社会心理学还是一个新兴的小众话题，目前只有王进（2006，2007）、苏庆福等（2004，2005，2006，2012）、游茂林和石岩（2015）等少数学者参与。但我国运动心理学界已开始重视这个领域，例如由中国体育科学学会运动心理学分会负责编写的《2014—2015 年运动心理学学科发展研究》在第二节介绍了体育社会心理学研究热点（中国体育科学学会，2015）；山西大学石岩教授领导的科研团队开展了 10 余年体育社会心理学方面的研究工作，在体育暴力、运动员形象等方面取得了重要成果（石岩，2004，2013；石岩等，2007；王莹和石岩，2014；王莹，2014）。

从 19 世纪末期至今，国际体育社会心理学研究在选题、研究方法、研究范式等方面都取得了长足进步，但是体育社会心理学依然缺乏作为一门独立学科的基本特质，因为有关体育社会心理学的排他性理论尚未凝练出来。国

---

① 笔者访谈美国佛罗里达大学休闲、旅游和体育管理系 Michael Sagas 教授、Dan Connaughton 教授和 Timothy Kellison 助理教授时获得的信息。

际学者习惯按照社会心理学来认知体育社会心理学,一方面体现了大家对体育社会心理学的期望,另一方面也反映出缺乏学科独立基础的现状。这种困境的持续存在,甚至引来国际运动心理学界的忽视和体育社会学、体育教育学、运动心理学等相关学科的分解。

随着北美学者对体育社会心理学学科层面的关注减少,以及他们采用体育管理学的视角来看待体育社会心理学,而欧洲和中国学者尚未在体育社会心理学系统理论建设上取得阶段性进展,经历110多年发展历程的当代国际体育社会心理学似逢逆水行舟的境地。

经历了20世纪70~80年代北美学者掀起的体育社会心理学学科创建热潮,国际体育社会心理学研究成果的数量和质量均取得了长足进步,然而体育社会心理学的学科地位却停滞不前。虽然从社会心理学的学科地位和运动心理学所含体育社会心理学研究的分量来看,体育社会心理学应该被确立为类似于锻炼心理学那样的子学科,但是体育社会心理学没有独立的学术共同体,没有专门的学术平台,没有学科实体,严重依赖于社会心理学,所以学科地位难以凸显出来。国际运动心理学界在评判相关研究成果的性质时,更多地考量研究情景,而不是议题的学科性质。

大量的体育社会心理学研究成果已经表明,体育社会心理学获得学科地位不存在知识基础障碍,所以现在亟待解决的问题是:①凝练体育社会心理学原生的和核心的知识体系,确定体育社会心理学排他性的学科特征,努力去掉仿效社会心理学的特征。②创建国际体育社会心理学的学科实体,编写教科书,开设课程,培养专业人才,组织学术共同体,凝聚创建体育社会心理学的国际共识,将体育社会心理学从学科概念建成一门真正的学科。

目前,国际体育社会心理学研究中心有向欧洲和中国转移的趋势,近期整体性讨论体育社会心理学的论著主要来自这两个地区,特别是中国运动心理学界开始认知体育社会心理学的重要性,而且部分学者已经在着手解决相关理论问题。我国学者可以更积极地开展相关工作,如果能够把握这样的机会,中国运动心理学研究者有可能对体育社会心理学进行原创性的学科建设。

第三节 明确体育社会心理学研究内容的重要性

虽然国际运动心理学研究者在观念上认可体育社会心理学的存在,但至今没有得到良好的发展。究其原因,就在于当前国际体育社会心理学的学科发展面临着诸多制约因素,根据学科三要素(苏庆富和李艳翎,2006),体育社会心理学很难被看作一门独立的学科,因为研究者们一直在仿照社会心理学描绘体育社会心理学,而不是对体育活动中产生的社会心理学知识进行归纳,所以当前体育社会心理学的面貌更像是"体育领域中的社会心理学",体育活动成了社会心理学研究的素材,而不是体育社会心理学成长的根基。只有客观面对这些问题,并找到根本原因,才能有效推进体育社会心理学的学科发展。

一、国际体育社会心理学发展面临的主要问题

1. 体育社会心理学的学科特征不明

Kenyon 在1968年召开的第2届国际运动心理学大会上正式提出体育社会心理学的概念,随后 Martens(1970)和 Richardson(1972)也从学科层面讨论了体育社会心理学,由此开始了体育社会心理学学科创建的工作,但是学科创建工作的进展缓慢,至今只出版了10部没有再版的以《体育社会心理学》为名的著作(Martens,1975;季浏和朱学雷,1996)(表1-2)。而从学科层面探讨体育社会心理学的论文数量也只有10多篇(Kenyon,1970;Martens,1970;Richardson,1972;Foon,1987;刘慎年,1986;Brawley 和 Martin,1995;邱卓英和邱宜均,1997;苏庆福和杨维琴,2004;苏庆福,2005;苏庆福等,2005;苏庆福和李艳翎,2006;刘周敏,2006;苏庆福和阮利民,2012;游茂林和石岩,2015)。

综合分析这些文献可见:①都在借用社会心理学的定义来界定体育社会心理学。②都在依据社会心理学理论来看待体育社会心理学。③至今没有明确体育社会心理学独立的研究内容、研究范畴、理论体系和方法论,一直在套用社会心理学的知识。不仅如此,目前国际上没有独立的体育社会心理学组织,没有专门的体育社会心理学期刊,没有召开过专题性的体育社会心理

学学术会议,所以体育社会心理学在许多研究者的观念里更倾向于"体育领域中的社会心理学"。

2. 独立的学科概念尚未构建

体育社会心理学的概念早就被提出来了(邱卓刚和邱宜均,1997),而且Richardson(1972)明确论述了学科层面的体育社会心理学,但体育社会心理学的学科观念从来没有基于本学科的知识予以构建,而是照搬社会心理学的知识,因为 Kenyon(1970)、Martens(1970)、Richardson(1972)、Foon(1987)、Brawley 和 Martin(1995)等人并没有勾画出体育社会心理学的理论体系,而是套用社会心理学知识衍射体育社会心理学的面貌。不仅如此,Martens(1975)明确表示要将社会心理学理论引入体育领域;Russell(1993)的著作是从社会心理学家的视角编写的。这显然不是个案,因为没有一本以"体育社会心理学"为名的著作是在阐明"什么是体育社会心理学"的基础上编写的,却都置身于社会心理学视角之下。如果抛开社会心理学的影响,至今国际运动心理学界无法清楚回答"什么是体育社会心理学",因为从来没有人基于体育社会心理学的学科知识凝练出体育社会心理学的定义,现在流行的体育社会心理学观念是社会心理学在体育领域中的表现。而且1968年至今,研究者们习惯将体育社会心理学称作"Social Psychology of/in Sport",而不是"Sport Social Psychology"。运动心理学也曾经历过类似情况,但其英文术语早已改作"Sport Psychology"。

3. 体育社会心理学的研究范畴不明

研究者们总是从社会心理学中引申出体育社会心理学的研究内容,至今没有从体育社会心理学自身去明确研究范畴。体育社会心理学的独立性在于它成长的特殊环境,这就决定了体育社会心理学与社会心理学应该存在差异。比较前面提到的11部社会心理学著作和8部体育社会心理学著作的载文内容(表1-1、表1-2),发现社会心理学与体育社会心理学著作的载文内容并不一致。例如社会心理学著作中介绍的吸烟、酗酒、民主、讽刺、谣言、社会心理学与法律等内容在体育社会心理学著作中从未提及;而体育社会心理学关注的运动员服用兴奋剂、主场效应等问题在社会心理学著作中也很少见,而且社会心理学著作中很少介绍体育相关的内容。由此可见,社会心理学的研究内容不能任意套用到体育领域,体育社会心理学的研究范畴具有独立性。如果不承认体育社会心理学研究的这些基本特征,希望从社会心理学认知体育社会心理学的研究范畴,显然是不合适的。

此外,国际体育社会心理学研究者至今没有界定清楚体育社会心理学的研究内容。例如上述8部著作中只有领导、体育运动中的行为、竞争与合作、团队凝聚力、动机、社会促进、人际关系、社会认知和社会化9个议题得到共识(但所包含的具体研究内容又有所不同),另外有17个议题只获得了部分著作者的认可,87个议题仅存在于个别著作中。如果一门学科的研究范畴都不明确,研究对象也不清楚,那么研究者们就无法界定这门学科,以致于无法构建它的理论体系和方法论。

4. 体育社会心理学学科发展的平台缺位

1965年第1届国际运动心理学大会召开,1970年《International Journal of Sport Psychology》创刊,这些来自学术共同体的努力,为运动心理学在世界范围内的发展打下了基础。不仅如此,后来锻炼心理学的成熟促使《Journal of Sport Psychology》和《International Journal of Sport Psychology》在刊名中加入"Exercise",而《Psychology of Sport & Exercise》《International Journal of Sport & Exercise Psychology Review》创刊时就包含了"Exercise"。可是,支持体育社会心理学学科发展的只有10部没有再版的著作和7篇论文(Kenyon,1970;Martens,1970;Richardson,1972;Foon,1987;Brawley和Martin,1995;Gill,2009;游茂林和石岩,2015),至今没有相应的平台支持体育社会心理学成长为一门独立的学科。

5. 体育特色的社会心理学知识体系尚未凝练

体育是社会活动的一种(Gill,1986),所以把体育看作是社会心理学研究的样本,还是体育社会心理学产生的根基,将导致完全不一样的结果——前者本质上是社会心理学研究,后者才是体育社会心理学研究。

不可否认,研究者们从未忽视体育活动之于体育社会心理学研究的基础功能。例如Triplett(1898)的研究就是从体育情境中原创的知识,并且支持了社会心理学关于社会促进效应的研究。这种情况并不少见,对教练员-运动员关系、主场效应、体育参与动机、体育兴趣、运动员服用兴奋剂等问题的研究都来源于体育情境。可是,由于研究者们在观念上难以摆脱社会心理学的束缚,习惯性认为社会心理学已经为体育社会心理学准备好了知识体系,所以将体育活动作为基础的社会心理学知识体系一直没有被凸显出来,导致体育社会心理学至今包含在社会心理学的知识体系中。

6. 国际体育社会心理学研究者合作乏力

一门新兴学科的发展需要怀揣学科创建信念的学者们合作,运动心理学的创建就是最好的例证,但是现在国际体育社会心理学研究者合作乏力。首先,没有形成统一的观念,对体育社会心理学未达成比较一致的认知(游茂林和石岩,2015);其次,没有联合开展学科建设工作,没有合作组织学术会议,创办期刊、编写教材、开设课程等支持学科发展的行动尚未出现;再次,没有用集体的声音在国际运动心理学界争取体育社会心理学应有的生存空间。

国际体育社会心理学研究者联合的征兆至今没有出现。北美研究者自Russell(1993)之后没有出版过体育社会心理学的著作,除了Brawley和Martin(1995)、Gill(2009),无人从学科层面讨论体育社会心理学,这意味着北美学者可能开始放弃体育社会心理学的学科创建。缺乏集体合作的力量,体育社会心理学学科建设将陷入停滞的境地。

二、明确研究内容是体育社会心理学学科建设的基础

目前国际体育社会心理学发展面临的主要问题是:学科概念不清、学科特征不明和学科建设乏力,因此当务之急是解决"什么是体育社会心理学"和"如何构建体育社会心理学"的问题。本书建议如下。

1. 树立本位意识,厘清体育社会心理学的知识体系

公开报道的文献中并没有呈现研究者们创建体育社会心理学的愿望,而是努力将社会心理学理论延伸到体育领域。例如Russell(1993)坦言他的著作是从社会心理学的视角来编写的。很显然国际运动心理学研究者缺乏提出独立的体育社会心理学学科概念的动机。我国学者在讨论体育社会心理学时,也参照了社会心理学理论,但更强调体育社会心理学的独立性,其中不乏通过对照社会心理学与体育社会心理学来凸显体育社会心理学的本质属性(卢元镇和于永慧,2006;仇军和徐茜,2006;陆小聪等,2010)。相比之下,

体育社会心理学的研究者总是认为,体育社会心理学是社会心理学在体育领域中形成的特例,要想理解什么是体育社会心理学的前提是搞懂社会心理学,自然觉得体育社会心理学没有专门探讨的必要,所以至今没有明确的体育社会心理学概念、方法论和内容体系。

仿照社会心理学不是体育社会心理学独立发展的长久之计,而且已经显现出制约作用,所以体育社会心理学应该具有明确的研究范畴。首先,根据社会心理学理论,将与体育相关的社会心理学议题检索出来;然后,追溯这些研究的发展历程,将引进和原生的体育社会心理学知识区分开来,并在此基础上构建体育社会心理学研究的知识体系,从而将体育社会心理学的具体内容呈现出来,帮助研究者们形成明确的体育社会心理学认知。

2. 着眼核心特质,将原生的体育社会心理学知识剥离出来

研究内容是认知和创建一门学科的基础,当前体育社会心理学陷入困境的主要原因就是没有明确独立的研究内容。从体育社会心理学的发展历程看,后期从社会心理学中引入的议题丰富了体育社会心理学的知识体系,由于体育社会心理学与社会心理学的密切联系,这部分内容的扩充随之掩饰了体育社会心理学的本质特征。因此,只有将体育活动中原生的体育社会心理学知识(如教练员-运动员关系、主场效应、运动员使用兴奋剂、体育暴力等)归结出来,并构建相应的知识体系,才能呈现体育社会心理学的本质特征。

3. 坚定学科信念,积极开展学科建设工作

当前体育社会心理学的发展平台缺位,依托运动心理学的平台支持是一条捷径,所以体育社会心理学研究者们应该争取在运动心理学的期刊中开辟体育社会心理学专栏;到各种运动心理学学术会议上宣讲体育社会心理学理论;争取国际运动心理学界知名专家的支持,在他们编写的运动心理学教科书和手册中插入体育社会心理学章节。

已经出版的体育社会心理学教材都将社会心理学作为理论基础,因而传播了体育领域中的社会心理学的观念,这不利于体育社会心理学成为一门独立学科,所以要将体育活动中原生的体育社会心理学知识归结起来,编写一本充满体育特色的、明显不同于普通社会心理学的体育社会心理学教科书,帮助学者们树立正确的体育社会心理学观念。

国际体育社会心理学研究成果为体育社会心理学学科创建奠定了坚实基础,现在急需像 Ferruccio Antonelli(第1届国际运动心理学大会召集人)那样的学科带头人将国际体育社会心理学研究者召集起来,系统地、成规模地解决体育社会心理学学科发展的问题。

一门学科的创建和发展,不可能依靠零星的个人力量,而是需要群体努力,但是至今国际上没有专门体育社会心理学的学术组织,也没有人倡议构建体育社会心理学的学术共同体。如果没有国际运动心理学会的成立,我们很难相信运动心理学能够成长为一门学科,但是这种经验至今没有发生在体育社会心理学身上。因此,体育社会心理学的学科建设任重道远。

第四节　研究的目的与意义

学科建设的发展需要几代人不懈的努力。体育社会心理学的学科建设是一项长期艰巨的任务,要推动学科建设必须首先解决基础性制约因素。综合前文所述,当务之急是解决"什么是体育社会心理学"的问题,只有解决了这个问题,才能形成体育社会心理学的学术号召力,其他问题也将迎刃而解。因此,明确体育社会心理学的研究内容,并构建它的研究内容体系,是向国际运动心理学界阐明"什么是体育社会心理学"的前提条件。

一、研究目的

比较社会心理学和体育社会心理学的成长历史,可以发现社会心理学从心理学中萌发出来,首先界定了功能,然后划分了研究领域(Kruglanshi 和 Stroebe,2012),并在随后相当长的一段时间里不断明确学科概念。由此可见,社会心理学是根据自身的任务选择了研究范畴。相比之下,体育社会心理学一直参照社会心理学,然后在体育领域中挑选研究内容。因此长期以来体育社会心理学表现出来的特质是社会心理学中的一个研究领域,并且一直不重视体育本源研究内容的提取、学科方法论和理论体系的构建、学科定义的界定,因此造成现在既不被社会心理学重视,也难以从运动心理学中脱离,而且学科层面的问题禁锢在社会心理学理念之中,缺乏突破空间,这也许就是现代国际运动心理学研究者潜心于体育社会心理学的具体问题研究,而乏人问津体育社会心理学的学科创建的主要原因。

既然社会心理学能够取得如此重要的学科地位,那为什么体育社会心理学依然难以成为运动心理学的一门二级学科呢?一门学科的独立,至少要有独立的概念、研究领域、方法论和理论体系,而这些要素在体育社会心理学上依然表现为社会心理学的特质,中外研究者对体育社会心理学的认知依然是社会心理学的,而不是体育社会心理学的,因为站在体育社会心理学"独立"的角度,我们对这门学科研究边界的认知非常模糊。换言之,我们还不知道什么是体育社会心理学,相关的认知能力实际上是社会心理学的。

要想创建体育社会心理学,首先必须解决对体育社会心理学的认知障碍,而了解一门学科的基础是要明确它研究什么,继而才能构建方法论和理论体系,形成具有独立形象的学科概念,因此,明确体育社会心理学的研究内容是体育社会心理学学科创建的当务之急,也是本研究的目的。

二、研究意义

1. 建立体育社会心理学学科创建的必要知识基础

从运动心理学分支学科的整体发展情况看,体育社会心理学虽然内容不少,但学科独立性较差,其中一个主要原因就是研究者们还没有形成统一的体育社会心理学认知。

Morris(2013)提醒我们在近半个世纪里"社会心理学"概念一直被不严谨地用于体育科学研究,因此许多被视为"社会心理学"的议题彼此独立,加之大部分运动心理学家更愿意关注特定议题,导致对体育社会心理学学科的整体性认知不足。基于研究者们各自独立的认识视角、知识结构和专业经验,最终出现了多样化的体育社会心理学认知。例如 Bouet(1970)认为它是社会心理学的重要领域,Hendry(1976)认为它是作为体育活动和运动研究的微观和宏观层面的重要关联领域,Luschen(1980)认为它是体育社会学的子学科,而 Brawley(1995)认为它是体育科学与社会心理学的交叉产物。缺乏统一的学科认知,就难以构建体育社会心理学进行学科建设的理论基础。

Jowett 和 Lavallee(2007)认为了解体育社会心理学最好的办法就是看它研究什么,但是体育社会心理学研究者达成共识的研究议题较少(如归因、动机、态度、个性、攻击与暴力、教练员-运动员关系和主场效应等),相关著作中呈现的大部分研究内容表现为个性知识,而不是共性认知。

体育社会心理学的学科创建,需要凝聚国际学术共同体的力量,因此解决"体育社会心理学研究什么"这个问题,建立体育社会心理学的知识基础,其学科建设才能落到实处。

2. 加强研究者们对体育社会心理学的具体化认知

不管是早期研究者(如 Martens,1975;Carron,1980;Cratty,1981 等),还是最新研究成果(如 Jowett 和 Lavallee,2007;王进,2013),研究者都没有清晰阐述他们选择内容的理由,唯一的依据就是社会心理学的参照。

本研究将体育社会心理学的研究内容总结出来,体育社会心理学将不再是一个学科概念,或者社会心理学在体育领域中的特例,而将成为一个具体的研究领域。特别是最终构建的体育社会心理学研究内容体系,将展现出体育社会心理学内在的凝聚性。因此,我们视野中的体育社会心理学将是现实而具体的。

3. 激发国际运动心理学研究者参与体育社会心理学的学科建设

囿于社会心理学观念,导致国际运动心理学研究者对体育社会心理学学科层面的思考停滞,因为社会心理学的成熟使得体育社会心理学介绍完社会心理学的相关理论之后,难以找到新的论点。即使有学者希望从体育社会心理学本身组织一些学科层面的探讨,也受制于体育社会心理学缺乏独立性,因而缺乏开展相关工作的着力点。

一旦我们比较明确体育社会心理学的研究领域内容,就可以围绕体育社会心理学的研究领域演绎体育社会心理学的独特概念,也能够尝试构建体育社会心理学的方法论和理论体系,并展望体育社会心理学学科创建的诸多任务。这将给关心体育社会心理学发展的研究者们提供学科创建发展平台,也许能够激发他们的研究积极性,使体育社会心理学的学科发展问题成为未来运动心理学领域的研究热点之一。

本章小结

体育社会心理学至今还不是一门独立的学科,尽管国际运动心理学界意识到这门学科的存在,也一直在积极开展相关研究。

体育社会心理学将在阐释体育活动引起的社会心理变化和增强体育活动的社会心理学促进上做出积极贡献(Hagger 和 Chatzisarantis,2005；Jowett和Lavallee,2007)。现代主流运动心理学著作都会设置专门章节介绍体育社会心理学的内容,但在运动心理学的二级学科分类中至今没有确认体育社会心理学的地位。此外,运动心理学不仅演绎出竞技运动心理学、锻炼心理学和体育教育心理学3个子学科,而且已经开始关注"Performance Psychology"和"Health Psychology"等新论域(张力为,2013),而体育社会心理学至今还没有明确的研究内容、方法论和理论体系。

通过回顾体育社会心理学的发展历程,研究内容不明确对整个学科发展的制约作用明显,这不仅导致体育社会心理学的内容分散,几乎被现代运动心理学的3个子学科分解,而且学科层面的探讨已经难以为继。体育社会心理学研究的重要性及其学科存在性,毋庸置疑。但是在研究内容不明确、学科边界不清晰的情况下,学科创建工作缺乏必要的知识基础。

我们科学界定体育社会心理学的研究内容,将呈现给国际运动心理学界一个具体化的体育社会心理学,如果能够引起研究者们对体育社会心理学学科创建的关注,体育社会心理学将尽快从一个学科概念转变成一门独立的学科,而且能够逐步摆脱社会心理学的局限。

第二章 体育社会心理学的研究方案

第一节 研究方法

一、文献资料法

通过中国知网、Google Scholar、Sportdiscus、EBSCO、JASTOR、Sage、Springer、Wiley-Blackwell、Taylor & Francis Online 和 ELSEVIER 等国内外主要文献数据库,以体育社会心理学、运动社会心理学、social psychology of/in sport, social psychology and physical activity (exercise)、social psychology and athlete 等为关键词进行检索,共获得相关论文172篇(英文106篇、中文66篇)。此外,查阅社会心理学、学科研究内容构建、质性研究方法方面的论文29篇;查阅体育社会心理学著作8部和社会心理学著作13部(英文11部、中文2部)。这些文献资料为本研究奠定了理论基础,并在此基础上理解:①体育社会心理学研究内容的认知过程和现状;②体育社会心理学与社会心理学的学科关系;③社会心理学的基本理论和研究范畴。

体育社会心理学的研究内容实际上是指体育社会心理学研究者需要关注哪些议题,这些内容应该存在于过去100多年的时间里研究者们的相关报道之中,而著作和期刊是呈现体育社会心理学研究内容的主要平台,所以本研究除了收集8部体育社会心理学著作的载文信息,还收集了期刊论文。为了确保信息收集的全面性和可靠性,中文论文来自9种体育类CSSCI期刊和《成都体育学院学报》(该刊现在不属于CSSCI源期刊,但被CSSCI收录的时间比新入选的体育类CSSCI期刊长,能提供更多可靠信息);英文论文来自5种被SSCI/SCI收录的运动心理学期刊,以及《Sociaglogy of Sport Journal》《The American Journal of Psychology》《Journal of Social Psychology》《Quest》《Research Quarterly for Exercise and Sport》《Journal of

Sport Science》6 种被 SSCI 收录的期刊,其中后三种是影响因子最高的三种国际综合性体育期刊,前三种是社会学、心理学和社会心理学领域创刊较早、影响因子较高且发表过体育类论文的期刊。上述体育类期刊一直都是中外学者报道心理学相关的体育科学研究成果的主流平台,而两种非体育类期刊的入选主要缘于:①最早的体育社会心理学研究成果,如 Triplett(1898)发表于《The American Journal of Psychology》的论文。②《Journal of Social Psychology》是创刊最早的社会心理学专业期刊,有利于了解早期体育社会心理学研究情况。鉴于这 21 种期刊的学术影响力,应该基本收录了绝大部分主流体育社会心理学的研究成果。

根据科学论文"文题一致"的基本原则,一篇论文的标题能够集中展现这篇论文的核心研究内容,因此,从文献数据库中检索每种刊物自创刊以来的论文标题即可。由于体育社会心理学的研究内容尚未明确,为了避免遗漏重要信息,本研究将中文期刊中所有与心理学相关的论文标题全部检索(不包括增刊文献),5 种国际运动心理学期刊中与心理训练、生理心理测试相关的论文标题和其他 6 种国际期刊中与体育运动相关的论文标题都被检索。共获得中文标题 1921 条,英文标题 3338 条(表 2-1 和表 2-2)。

表 2-1 国内 10 种体育类期刊论文标题收集情况

期刊名称	文献数量	时间跨度	文献来源数据库
武汉体育学院学报	390	1959 年第 1 期—2013 年第 12 期	中国知网
上海体育学院学报	86	1959 年第 1 期—2013 年第 6 期	中国知网
中国体育科技	158	1981 年第 1 期—2013 年第 6 期	中国知网
北京体育大学学报	415	1981 年第 1 期—2014 年第 1 期	中国知网
体育科学	218	1984 年第 1 期—2013 年第 12 期	中国知网
西安体育学院学报	193	1984 年第 1 期—2014 年第 1 期	中国知网
体育与科学	72	1986 年第 1 期—2013 年第 6 期	中国知网
天津体育学院学报	107	1988 年第 1 期—2013 年第 6 期	中国知网
成都体育学院学报	74	1989 年第 1 期—2014 年第 1 期	中国知网
体育学刊	208	1995 年第 1 期—2013 年第 6 期	中国知网

表 2-2　国外 11 种主要期刊论文标题收集情况

期刊名称	文献数量	时间跨度	文献来源数据库
The American Journal of Psychology	19	1887 年第 1 期—2014 年第 1 期	JSTOR
Journal of Social Psychology	30	1930 年第 1 期—2014 年第 2 期	Taylor & Francis Online
Research Quarterly for Exercise and Sport	588	1930 年第 1 期—2014 年第 1 期	Taylor & Francis Online
Quest	104	1963 年第 1 期—2014 年第 1 期	Taylor & Francis Online
International Journal of Sport Psychology	582	1970 年第 1 期—2013 年第 4 期	Sport Discus with Full Text www.ijsp-online.com
Journal of Sport and Exercise Psychology	686	1979 年第 1 期—2014 年第 1 期	Human Kinetics Journals
Journal of Sport Science	281	1983 年第 1 期—2014 年第 12 期	Taylor & Francis Online
Sociology of Sport Journal	85	1984 年第 1 期—2013 年第 3 期	Human Kinetics Journals
The Sport Psychologist	285	1987 年第 1 期—2013 年第 4 期	Human Kinetics Journals
Journal of Applied Sport Psychology	273	1989 年第 1 期—2014 年第 2 期	Taylor & Francis Online
Psychology of Sport and Exercise	405	2000 年第 1 期—2014 年第 3 期	ELSEVIER

分析发现,截至 2014 年 12 月世界范围内总共有 10 部著作以《体育社会心理学》为名,本研究收集了其中的 8 部(表 1-2)。文献收集和整理工作由运动心理学专业的 1 名博士研究生和 3 名硕士研究生分工完成,其中博士研究生负责收集英文期刊论文标题、体育社会心理学和社会心理学著作,硕士

研究生负责收集中文期刊论文标题。信息检索过程中出现的问题，在运动心理学家的指导下集体协商解决。

二、专家访谈法

第一阶段，总共向73名中外运动心理学家发出了访谈请求，41人（中国22人、欧美19人）给予回复，其中20人（中国13人、欧美7人）的回复有效（具体情况将在第三章中详细介绍），主要了解他们对体育社会心理学的定义、学科性质和研究内容的主观认知。

第二阶段，通过电话和电子邮件，邀请Mark Anshel教授、Jack Watson教授、Costas Karageorghis教授、王进教授、Michael Sachs副教授和黄崇儒副教授，就"如何确定体育社会心理学的研究内容"进行了一次小型国际学术讨论，其中Mark Anshel教授、Jack Watson教授和王进教授参与了整个讨论，其他专家参与了部分讨论（具体情况将在第四章中详细介绍）。访谈信息为本研究建立科学的方法取向奠定了重要基础。

三、质性分析法

将收集的体育社会心理学和社会心理学著作的载文信息、中英文期刊论文标题导入Nvivo 8质性分析软件，根据关键词进行自由节点编码（郭玉霞，2009），即将一句话的定语、状语、补语去掉，留下主语。例如"运动训练动机氛围评估"的自由节点编码是"训练动机氛围"，"学生体育兴趣的培养方法与措施"的自由节点编码是"体育兴趣"。如果一条论文标题包含多个关键词，例如"运动身份是一个重要的动机因素吗"被编码为"运动身份"和"动机"两个自由节点。最终，英文论文标题产生自由节点1999个，参考点5171个；中文论文标题产生自由节点930个，参考点2296个。然后，根据关键词进行树节点编码，例如动机包括"动机"和"动机氛围"，归因包括"归因""前因""源"和"因果归因"。最终，从中文自由节点中获得119个树节点（总共参考自由节点1952次），部分议题可以归入两个及两个以上的树节点，如"运动价值信念"可以归入"价值观"和"信念"，"自我效能动机"可以归入"自我效能"和"动机"，同时75个自由节点可以确定为非体育社会心理学的议题（如儿茶酚胺、反应时、生命质量、战术等明显与社会心理学无关的论题）；从英文自由节点中获得195个树节点(总共参考自由节点5009次),同时521个自由节点可以确定为非体育社会心理学研究(如艾滋病、催眠、肥胖等)。

此外,根据关键词编码技术对8部体育社会心理学和11部社会心理学著作的载文内容进行编码。最后,根据社会心理学相关理论和专家意见排除不是和无法确定的节点,将剩下的节点分三大类:社会学的体育社会心理学、心理学的体育社会心理学和文化人类学的体育社会心理学,在此基础上构建体育社会心理学研究的内容体系。

四、问卷调查法

1. 问卷的编制

根据8部体育社会心理学和11部社会心理学著作中的理论,对质性分析产生的314个树节点进行核查,将体育社会心理学和社会心理学著作中均未提及的议题排除,剩下的议题做以下处理。

(1)在社会心理学领域缺乏关注,且在体育社会心理学领域关注较少的议题,共59个(表2-3)。

表2-3 社会心理学著作中没有论述且体育社会心理学著作与期刊论文[①]论及次数较少的议题

议　题	论及次数	议　题	论及次数	议　题	论及次数
非智力问题	17	压力干预	3	人力资本	1
最佳功能区	14	团队发展	2	体育消费社会化	1
心理障碍	12	失　眠	2	宣　泄	1
执教行为	12	心理唤醒	2	冲动性	1
认知过程	8	耐挫力	2	训练功效	1
心理准备	7	执教心理学	1	运动队和领导的空间关系	1
思　想	6	心理资本	1	关　心	1
心理影响	6	主观估计	1	压力寻求者	1

---

① 期刊论文不一定是体育社会心理学研究,而是"疑似"体育社会心理学研究。

续表 2-3

议题	论及次数	议题	论及次数	议题	论及次数
认知理论	5	危险	1	团队关系	1
威胁	5	自我组织	1	团队过程	1
压力下的绩效	5	自我形成	1	团队内耗	1
压力应对	5	年龄效应	1	运动对观众的影响	1
认知特征	4	自我提升	1	观赛对敌意感觉的影响	1
认知功能	4	自我损害	1	教练和行为科学家	1
心理生理特征	4	自我集中注意力	1	压力下的决策	1
心理环境	3	自我激活	1	最佳水平理论	1
思维	3	成年人干预	1	生理特质与社会环境	1
自主学习	3	错觉效应	1	成就视角	1
自我消耗	3	干扰和运动团队	1	社会影响	1
自我参与	3	恐慌	1		

(2)社会心理学著作中多次出现,但体育社会心理学论文关注较少的议题,共4个(表2-4)。

表2-4 社会心理学著作中出现较多但期刊论文研究较少的议题

议题	著作文献	著作中论及次数	论文中论及次数
安全	Kruglanski 和 Stroebe(2012);Fletcher 和 Clark(2003);Lange 等(2012);Baron 和 Branscombe(2012);Bordens 和 Horowitz(2008);DeLamater 和 Ward(2013);Kassin 等(2011);Hogg 和 Cooper(2007);Myers(2010);Hogg 和 Vaughan(2011)	114	4
挫折		145	3
气质		91	5
赞美		99	4(鼓励)

(3)社会心理学或体育社会心理学著作中讨论次数较少的议题,共69个(表2-5)。

表2-5 社会心理学或体育社会心理学著作中讨论次数较少的议题

议题	著作文献	讨论次数
文化氛围	Hogg 和 Cooper(2007);Bordens 和 Horowitz(2008);Kruglanski 和 Stroebe(2012)	4
心理调节	Fletcher 和 Clark(2003);Lange 等(2012);Baron 和 Branscombe(2012)	4
认知方式	Kruglanski 和 Stroebe(2012);Hogg 和 Vaughan(2011);Fletcher 和 Clark(2003);DeLamater 和 Ward(2013);Myers(2010)	16
饮食行为	Bordens 和 Horowitz(2008)	1
认知策略	Kruglanski 和 Stroebe(2012);Fletcher 和 Clark(2003);DeLamater 和 Ward(2013);Hogg 和 Cooper(2007);Lange 等(2012);Hogg 和 Vaughan(2011)	15
锻炼成瘾-网瘾、毒瘾、酒瘾、看电视成瘾	Kruglanski 和 Stroebe(2012);Bordens 和 Horowitz(2008);DeLamater 和 Ward(2013);Lange 等(2012);Kassin 等(2011);Myers(2010)	14
激励	Kruglanski 和 Stroebe(2012);Bordens 和 Horowitz(2008);Lange 等(2012);Kassin 等(2011)	11
嫉妒	Myers(2010);Fletcher 和 Clark(2003);Hogg 和 Cooper(2007);Hogg 和 Vaughan(2011);Baron 和 Branscombe(2012)	16
倦怠(心理耗竭)-职业倦怠	DeLamater 和 Ward(2013);Hogg 和 Cooper(2007);Lange 等(2012);Baron 和 Branscombe(2012);Kassin 等(2011);Myers(2010)	15
伦理问题-工作伦理	Kruglanski 和 Stroebe(2012);Bordens 和 Horowitz(2008);Hogg 和 Vaughan(2011);DeLamater 和 Ward(2013);Hogg 和 Cooper(2007);Lange 等(2012);Myers(2010)	17
社会经验	Kruglanski 和 Stroebe(2012);Fletcher 和 Clark(2003);DeLamater 和 Ward(2013);Hogg 和 Cooper(2007);Lange 等(2012);Hogg 和 Vaughan(2011)	16

续表 2-5

议题	著作文献	讨论次数
应对策略	Kruglanski 和 Stroebe(2012);Fletcher 和 Clark(2003); Bordens 和 Horowitz(2008);DeLamater 和 Ward(2013); Hogg 和 Cooper(2007);Kassin 等(2011)	10
应对风格	Bordens 和 Horowitz(2008);DeLamater 和 Ward(2013); Kassin 等(2011)	6
自我谈话	Bordens 和 Horowitz(2008);Baron 和 Branscombe(2012)	18
社会关系	Fletcher 和 Clark(2003);DeLamater 和 Ward(2013);Lange 等(2012);Baron 和 Branscombe(2012);Kassin 等(2011); Myers(2010)	18
心理动力	Kruglanski 和 Stroebe(2012);Bordens 和 Horowitz(2008); Kassin 等(2011)	4
惰性	Lange 等(2012);Baron 和 Branscombe(2012);Kassin 等(2011);Hogg 和 Vaughan(2011);Myers(2010)	8
团队精神	Kruglanski 和 Stroebe(2012);Hogg 和 Vaughan(2011);Myers(2010)	8
帮助寻求	Bordens 和 Horowitz(2008);DeLamater 和 Ward(2013); Kassin 等(2011);Hogg 和 Vaughan(2011)	13
社会传染	Kruglanski 和 Stroebe(2012)	8
消极心理(心境状态)		19
强迫症	Lange 等(2012)	1
工作-家庭关系	DeLamater 和 Ward(2013)	1
积极主义	Hogg 和 Vaughan(2011)	1
符号交互作用论	Kruglanski 和 Stroebe(2012)	1
社会声望		1
团队建设		1
运动迷信		1

续表 2-5

议题	著作文献	讨论次数
定向	Myers(2010);DeLamater 和 Ward(2013)	2
刺激	Myers(2010)	1
感觉寻求	Russell(1993)	1
工作-生活关系	Kassin 等(2011)	1
记忆	Fletcher 和 Clark(2003)	1
借口	Russell(1993)	1
跨文化比较研究	Jowett 和 Lavallee(2007)	1
人种分布学心理研究	王进(2013)	1
心理特征	Iso-Ahola 和 Hatfield(1986)	1
性别交互影响	黄金柱(1985)	1
组织公民行为	Fletcher 和 Clark(2003);Lange 等(2012);Baron 和 Branscombe(2012)	3
鼓励	Myers(2010);Kassin 等(2011);Bordens 和 Horowitz(2008)	4
安慰剂效应	Myers(2010)	1
保密	Baron 和 Branscombe(2012)	1
成就定向	Lange 等(2012)	1
担心	Fletcher 和 Clark(2003)认为担心属于悲伤(distress)的一种表现	1
观众规模	Russell(1993)	1
管理心理学问题	Baron 和 Branscombe(2012)	3
解雇	Hogg 和 Vaughan(2011)	1
离职意向	Fletcher 和 Clark(2003)	1
社会统一	Kruglanski 和 Stroebe(2012);Fletcher 和 Clark(2003);DeLamater 和 Ward(2013);Lange 等(2012);Kassin 等(2011);Myers(2010)	13
身体意识	Hogg 和 Vaughan(2011)	2

续表 2-5

议题	著作文献	讨论次数
身体意象（body image）	Kruglanski 和 Stroebe(2012)；Bordens 和 Horowitz(2008)；DeLamater 和 Ward(2013)；Kassin 等(2011)；Myers(2010)	13
完美主义	Fletcher 和 Clark(2003)；DeLamater 和 Ward(2013)；Hogg 和 Cooper(2007)；Lange 等(2012)	10
习得性无助	Kruglanski 和 Stroebe(2012)；Fletcher 和 Clark(2003)；Kassin 等(2011)；Hogg 和 Vaughan(2011)；Myers(2010)	15
幸运	Kassin 等(2011)	1
意志	Kruglanski 和 Stroebe(2012)；Bordens 和 Horowitz(2008)；DeLamater 和 Ward(2013)；Lange 等(2012)；Hogg 和 Vaughan(2011)	16
隐瞒	Fletcher 和 Clark(2003)；DeLamater 和 Ward(2013)；Hogg 和 Cooper(2007)；Baron 和 Branscombe(2012)；Kassin 等(2011)；Myers(2010)；Hogg 和 Vaughan(2011)	14
预见能力	Kruglanski 和 Stroebe(2012)	1
运动风险承担	Bordens 和 Horowitz(2008)；Lange 等(2012)；Kassin 等(2011)；Myers(2010)；Hogg 和 Vaughan(2011)	10
运动心理咨询	Hogg 和 Vaughan(2011)	4
种族问题	Baron 和 Branscombe(2012)；DeLamater 和 Ward(2013)	2
自我和谐	Fletcher 和 Clark(2003)；Bordens 和 Horowitz(2008)；DeLamater 和 Ward(2013)；Hogg 和 Cooper(2007)；Lange 等(2012)；Hogg 和 Vaughan(2011)	18
运动经验与成功	Iso-Ahola 和 Hatfield(1986)	1
体育美感	Hogg 和 Vaughan(2011)	1
训练意愿	黄金柱(1985)	1
饮食失调	Fletcher 和 Clark(2003)；Kassin 等(2011)；Myers(2010)	3
努力	Kruglanski 和 Stroebe(2012)；Fletcher 和 Clark(2003)；Baron 和 Branscombe(2012)；Myers(2010)	14

(4)社会心理学著作中没有讨论,但期刊论文讨论次数较多的议题,共10个(表2-6)。

表2-6 社会心理学著作中没有讨论但期刊论文讨论次数较多的议题

议 题	讨论次数
应对理论	86
运动坚持性	41
运动心理学综述	23
运动员退役(退出体育活动)	25
智力	28
注意(包括注意定向、注意分散、注意集中、注意特征)	59
体育学习	97
运动习惯	32
体育文化	28
心理因素	33

(5)共有4个议题在体育社会心理学著作没有讨论,期刊论文也较少关注,但在社会心理学著作中有过类似讨论的议题(表2-7)。

表2-7 社会心理学著作中有过类似讨论的议题

议 题	著作中有过类似讨论情况
运动员形象	Hogg和Cooper(2007)讨论过自我形象
运动体验	Kruglanski和Stroebe(2012)讨论过生活体验
体育运动的哲学	Kruglanski和Stroebe(2012)、DeLamater和Ward(2013)讨论过社会哲学
体育知识	Kruglanski和Stroebe(2012)讨论过知识

(6)从定义上看,可以与某种社会心理学理论相联系的议题,共14个(表2-8)。

表 2-8 能够联系某种社会心理学理论的议题

议 题	可联系理论	议 题	可联系理论
正 念	社会认知	职业状态	社会化
执教理念	社会认知	自我创造	社会化
职业生涯规划	计划行为理论	纯粹主义	社会认知
忍耐疼痛	社会化	自立支持	社会化
突变理论	社会认知	群体结构	观众效应
心理暗示(自我暗示)	社会认知	性格塑造	人 格
心理选材	应用社会心理学	心境状态	心理状态

鉴于社会心理学理论没有关注表 2-3 中的议题,因此暂时将它们排除在体育社会心理学的研究范畴之外,余下议题皆在一定程度上具备成为体育社会心理学研究内容的可能性,所以编制成问卷"体育社会心理学研究议题评审表"(中文/英文)(见附录1、附录2)。中文版问卷编制完成后,先由4名运动心理学专业的硕士研究生检查是否存在语言和行文上的错误,然后予以修订,再邀请运动心理学专业的2名博士和3名硕士研究生试用后予以修订并定稿。英文版问卷在美国佛罗里达大学 Health and Human Performance 学院 Michael Sagas 教授和助理教授 Timothy Kellison 博士的指导下经多次修改而定稿。

2. 问卷调查的实施

参与本调查的中外运动心理学研究者至少是运动心理学专业的在读博士研究生,他们需要根据自己的专业知识和工作经验对问卷中的议题进行"是""不确定"或"否"评判。最终采集了7个国家的52名运动心理学研究者的意见[中国36人(包括中国台湾2人)、美国6人、英国1人、意大利1人、澳大利亚2人、韩国2人、日本2人],其中教授11人、副教授8人、博士/讲师12人、在读博士生19人。问卷通过电子邮件(E-mail)发放和回收。这些专业人士可以顺利填答,说明他们能够理解问卷的调查意图,问卷设计能够满足本研究需要(附录3)。

五、数理统计法

采用 SPSS 11.5 和 EXCEL 2003 工具对问卷调查数据和编码信息进行频数、百分比和差异性统计分析。

第二节 研究步骤

确认体育社会心理学的研究内容,是构建体育社会心理学内容体系的前提,因此研究内容界定的质量将决定内容体系的可靠性。本研究最重要的任务就是找到体育社会心理学的研究内容,然后基于相关科学依据,构建体育社会心理学研究的内容体系。

第一步:根据选题目的,理清研究思路。认真阅读体育社会心理学的相关文献,并和国内少数运动心理学家进行学术探讨。

第二步:采访中外运动心理学家,从跨文化和专家的角度全面认知体育社会心理学的基本定义、学科性质和研究范畴,加深对体育社会心理学的认知。

第三步:邀请中外知名运动心理学家,讨论"如何确认体育社会心理学研究内容",构建本研究的技术路线和方法论。

第四步:收集文献,主要工作包括:收集中外体育社会心理学著作;收集中外社会心理学著作;确定中外期刊论文标题选取范围,然后予以取证。

第五步:整理期刊论文标题信息,将中、英文资料各建一个 EXCEL 文档。

第六步:翻译英文论文标题和在 Nvivo 8 软件中对中文论文标题进行自由节点编码,两项工作同时开展,交叉进行。

第七步:在 Nvivo 8 软件中对翻译后的英文论文标题进行自由节点编码。

第八步:根据关键词整理自由节点,完成树节点编码,同时将明显不是体育社会心理学议题的自由节点排除。

第九步:采集 8 部体育社会心理学著作和 11 部社会心理学著作的主要内容,并通过 Nvivo 8 软件进行自由节点编码,整理后编制成"体育社会心理学研究议题核对表"。

第十步:将第七步中获得的节点导出,根据"体育社会心理学研究议题核对表",将部分可以确认是体育社会心理学研究的议题挑选出来,如主场效应、体育暴力、教练员-运动员关系等。

第十一步:将10部英文社会心理学电子书集合到一个文件夹中,利用PDF自带的搜索功能,对第九步核对后剩下的议题进行核查。如果某个议题在社会心理学著作中存在可靠证据(大量讨论或专节论述),就可以认为它是体育社会心理学的研究内容。

第十二步:排除期刊论文中讨论较少、体育社会心理学和社会心理学著作中没有相关内容的议题。

第十三步:将第十一步中剩下的期刊论文议题和8部体育社会心理学著作中被当作体育社会心理学研究的理论依据不足的议题整合在一起,编制成"体育社会心理学研究议题评审表"(中文/英文),邀请国内运动心理学研究者根据自己的学术经验进行评判。

第十四步:统计分析问卷调查结果,将大部分(60%及以上)中外研究者均认可的议题和80%及以上中外研究者单边认可的议题挑选出来,这些具有较充分经验依据的议题可以看作体育社会心理学的研究内容,其他议题因为既缺乏理论依据,又缺乏经验证据,暂时不予考虑。

第十五步:根据理论查证和专家意见,整理树节点编码,保留具有依据的议题,其他议题删除。然后根据社会心理学理论,做进一步的编码,归入相应的理论范畴,如动机、人际关系、社会影响等。

第十六步:由于现代社会心理学分为社会学的社会心理学、心理学的社会心理学和文化人类学的社会心理学,所以第二步树节点编码将第一步树节点编码划分为相应的三大类。

第十七步:利用Nvivo 8软件的模型构建功能,分别构建体育社会心理学研究内容的三大分支体系和总体系。

第三节 技术路线

本研究的技术路线见图2-1。

第二章 体育社会心理学的研究方案

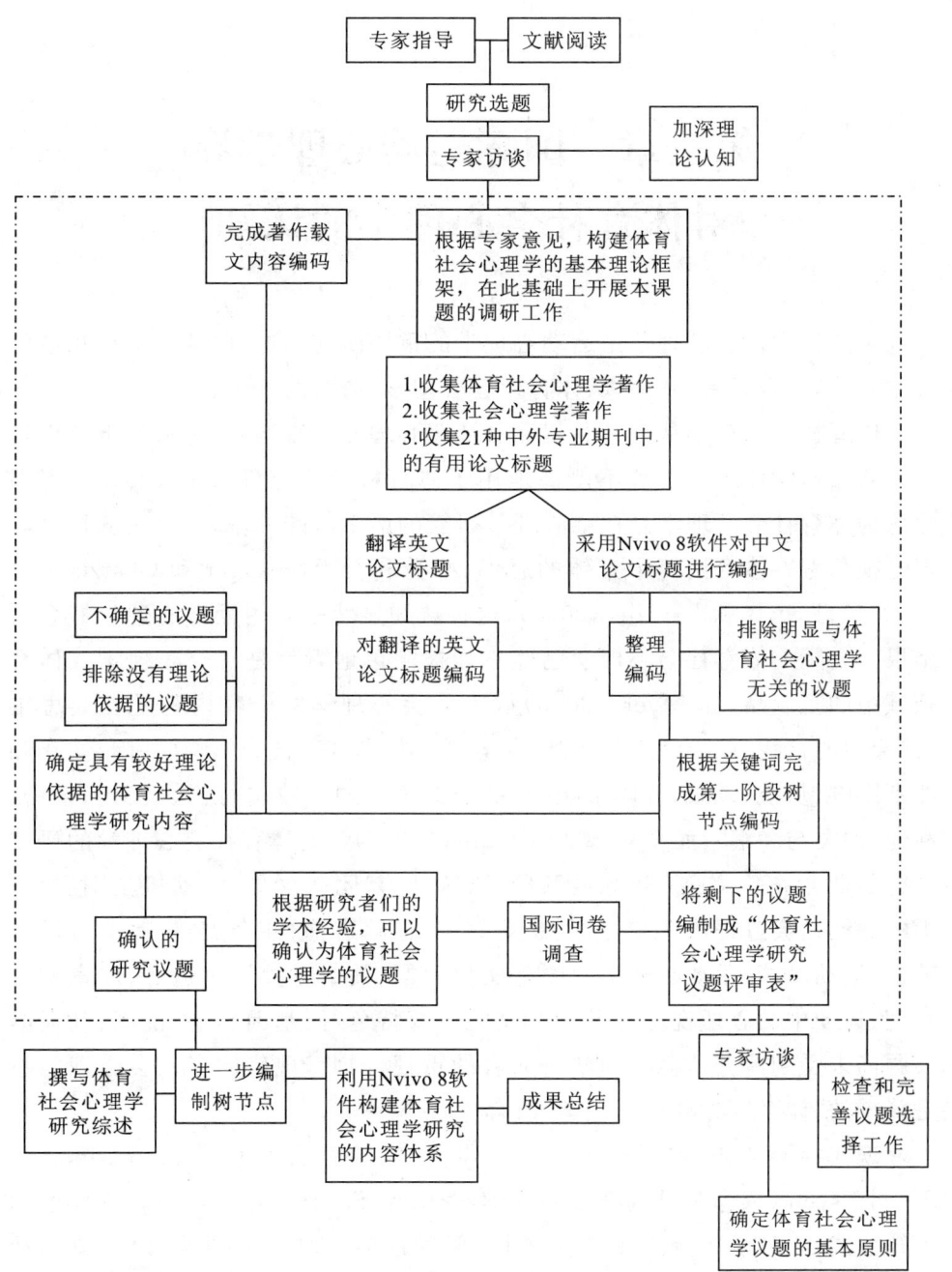

图 2-1 本研究的技术路线图

第三章 国际运动心理学界对体育社会心理学的认知

虽然体育社会心理学是运动心理学的重要研究领域,但基于学科角度的关注较少,至今只有10部以《体育社会心理学》命名的著作。

体育社会心理学从一开始就深受社会心理学的影响,在过去的半个世纪里社会心理学概念一直被不严谨地用于体育科学研究(Morris,2013),习惯性认为体育社会心理学是社会心理学研究的诸多特殊领域之一,应从社会心理学视角考察体育情境中个体的思考、感受和行为(Hagger 和 Chatzisarantis,2005;Jowett 和 Lavallee,2007),这种认知显然是借用社会心理学概念的结果。实际上体育社会心理学已经不能被简单地看作是社会心理学在体育领域中的复制品,如 Myers(2006)认为社会心理学的研究内容是社会思维(社会中的自我、社会信念与判断、社会行为与态度)、社会影响(基因、文化和性别影响、从众、说服、群体影响)和社会关系(偏见、攻击行为、吸引和亲密、利他、冲突与和解),而 Jowett 和 Lavallee(2007)认为体育社会心理学的研究内容是社会关系、沟通、教练员领导、团队动力、团队凝聚力、动机氛围、运动中的关键社会过程和认知过程、观众效应、运动道德、社会支持、运动员职业转换、运动激情、运动心理学中的跨文化问题,其中有关体育道德、体育文化心理、运动中的心理现象等具有明显的体育特色,而基因影响、说服、利他等议题尚未受到体育社会心理学研究者的重视,因此,现代体育社会心理学不是简单的"体育"和"社会心理学"组合。

现代社会心理学已经分成两大阵营:实验社会心理学(Experimental Social Psychology)和批判社会心理学(Critical Social Psychology);形成两种认知模式:心理学的社会心理学和社会学的社会心理学,因此导致"什么是社会心理学"成为一个很难回答的问题(Rogers,2003)。由于体育社会心理学对社会心理学的依赖,所以这也成为体育社会心理学无法回避的难题。例如

Bouet(1970)认为它是社会心理学的重要领域,而 Luschen(1980)认为它是体育社会学的子学科。

综上所述,目前国际运动心理学界还没有对体育社会心理学形成具体的学科认知。由于一门学科的定义、研究对象和学科性质是学科确立的几个重要因素(米靖,2012),所以认知"什么是体育社会心理学"的基础应该是明确它的定义、研究对象和学科性质。目前国际运动心理学家不仅对体育社会心理学的概念和学科性质存在认知差异,而且也没有形成统一的研究内容认知。例如目前可以查阅的 8 部体育社会心理学著作中,只有领导、体育运动中的行为、竞争与合作、团队凝聚力、动机、社会促进、人际关系、社会认知和社会化 9 个议题得到一致认可,许多议题仅存在于个别著作之中(表 3-1)。

表 3-1 仅存在于个别著作中的研究议题

著作文献	研究议题
Hagger 和 Chatzisarantis (2005)	逆转理论、情感、劝说、道德标准、裁判偏好、成就目标、突变理论、计划行为、幸福、遗憾、抑郁、意志、饮食失调、应激敌意、有机整合理论、智力功能、主观自立支持、锻炼成瘾、锻炼依赖、活动障碍
Jowett 和 Lavallee(2007)	跨文化研究、人际沟通和冲突、激情、成就目标、体育道德、自我设限、文化、效能信念、职业生涯转换、种族、自我呈现
王进(2013)	人种分布学心理研究、符号交互作用论、概率模型、逆转理论、体育文化心理研究、流畅体验的文化研究、完美主义、兴趣、印象管理
黄金柱(1985)	孩童的运动参与及运动能力、如何建立国内运动团队社会心理咨商体系、从社会心理学观点论运动学习、性别交互影响、运动绩优保送生训练意愿
Carron(1980)	成就定向、成功的刺激价值、定向、风险承担、沟通、竞赛的文化基础、社会隔离、情感、驱动理论、权力、社会限制、失败的刺激价值、体育组织中的替换过程(变革)、安慰、学习阶段、转移风险现象(个体在团队中会转移风险)、自我调节
Cratty(1981)	成就表象、成就定向、驱动、社会影响、衰竭、反应强度、刺激、挫折
Russell(1993)	借口、过度辩解的影响、边际效应、英雄(榜样)、执教经验与运动成功、忠诚、自我设限、观众体验、观众规模、观众结构(年龄、性别、经济)、感觉寻求
Iso-Ahola 和 Hatfield(1986)	疲劳、忍痛、心理训练、怎样提高运动员的成绩、执教效能训练(帮助教练员更好地指导运动员)、活力

鉴于现有文献的认知分歧,加之缺乏来自学科本身的阐释,国际运动心理学界对体育社会心理学的判断具有重要的参考价值。本研究通过访谈中外 20 名运动心理学家对体育社会心理学定义、研究对象和学科性质的见解,试图从学界内部认知体育社会心理学,并为后续判断体育社会心理学的研究内容奠定理论基础。

第一节 访谈对象与分析方法

一、访谈对象

本研究选择的访谈对象必须同时具备两个特征:运动心理学博士或教授、发表过体育社会心理学方面的论文。因此,总共向 73 名中外运动心理学家发送了访谈提纲,41 人(中国 22 人、欧美 19 人)给予回复,其中 20 人(中国 13 人、欧美 7 人)的回复有效,回复率为 56.16%,有效回复率为 48.78%。被访者全部具有博士研究生学历(表 3-2、表 3-3),包括国际运动心理学会主席姒刚彦、国际运动心理学会前任主席 Sidonio Serpa、亚洲及南太平洋地区运动心理学会前任主席 Tony Morris、亚洲及南太平洋地区运动心理学会副主席卢俊宏、中国体育科学学会运动心理学分会主任委员姚家新、美国应用运动心理学会主席 Robert Schinke、美国应用运动心理学会前任主席 Jack Watson、中国台湾运动心理学会前任理事长季力康、中国台湾运动心理学会理事长黄崇儒和副理事长廖主民。

32 名调查对象没有给予回复,具体原因不明。21 人没有完成调查,原因包括:①工作太忙,未能在时限内完成访谈(1 人);②认为教科书中已经存在定义,个人没有新见解(5 人);③认为自己不是体育社会心理学研究者,无法回答相关问题(14 人);④认为自己不再开展体育社会心理学研究,不适合回答相关问题(1 人)。进一步分析发现,14 名认为自己不是体育社会心理学研究者的运动心理学家发表过与体育社会心理学相关的论文,议题包括:运动归因(6 次)、运动态度(4 次)、运动动机(7 次)、兴奋剂(1 次)、运动队心理(6 次)、运动心理学史(5 次)等。可见,部分运动心理学家开展过体育社会心理学研究,但不认为自己是体育社会心理学研究者,所以对体育社会心理学学科缺乏专门认知。

表3-2 中国运动心理学家基本信息

姓 名	工作单位	学术身份	调查方式
姚家新	天津体育学院	博士,教授,博士生导师	电话访谈
姒刚彦	香港体育学院	博士,教授,博士生导师	电话访谈
王 进	浙江大学	博士,教授,博士生导师	电话访谈
毛志雄	北京体育大学	博士,教授,博士生导师	E-mail 调查
陈作松	福建师范大学	博士,教授,博士生导师	E-mail 调查
孙延林	天津体育学院	博士,教授,硕士生导师	E-mail 调查
谢红光	深圳大学	博士,教授,硕士生导师	E-mail 调查
杨阿丽	沈阳体育学院	博士,教授,硕士生导师	E-mail 调查
段艳平	香港浸会大学	博士,副教授,硕士生导师	E-mail 调查
季力康	台湾师范大学	博士,教授,博士生导师	E-mail 调查
卢俊宏	台湾体育运动大学	博士,教授,博士生导师	E-mail 调查
廖主民	台湾体育运动大学	博士,教授,博士生导师	E-mail 调查
黄崇儒	台北市立体育学院	博士,教授,博士生导师	E-mail 调查

表3-3 外国运动心理学家基本信息

姓 名	工作单位	学术身份	调查方式
Robert Schinke	加拿大劳伦森大学	博士,教授,博士生导师	E-mail 调查
Jack Watson	美国西弗吉尼亚大学	博士,教授,博士生导师	E-mail 调查
Sidonio Serpa	葡萄牙里斯本大学	博士,教授,博士生导师	E-mail 调查
Tony Morris	澳大利亚维多利亚大学	博士,教授,博士生导师	E-mail 调查
Daienl Gill	美国北卡罗来纳大学格林波若分校	博士,教授,博士生导师	E-mail 调查
Thelma Horn	美国西密西根大学	博士,副教授	E-mail 调查
Alan Kornspan	美国阿克伦大学	博士,副教授	E-mail 调查

调查情况同时表明,大部分被访者可以准确理解调查问题的含义,所以能够决定是否回答,这也展现了他们良好的责任态度。20名运动心理学家具体回答了相关问题,说明他们对体育社会心理学的整体情况存在关注和思考,是具有科学价值的思考。

二、访谈分析方法

1.访谈法

运动心理学家的专业知识、工作经历和学术思考积淀成一座宝贵的"知识库",凝练其中有关体育社会心理学的学术经验,为我们有效认知体育社会心理学提供了一个新的视角,因此本研究采用半结构式访谈(即访谈的问题是结构式的,被访者的回答是非结构式的)开展调查工作。

具体调查过程如下:2013年9月4日—12月20日,通过电话和电子邮件(E-mail)完成访谈工作。访谈过程如下。

(1)编制中文版访谈提纲。

中文版访谈提纲

尊敬的专家您好,下列4个问题主要了解您对"体育社会心理学"的个人看法。这些问题确实比较大,很难具体回答,但我想学习的是您个人的建议。您给予的概括性的、源自个人判断的观点对我的研究很重要。非常感谢您的支持!

1.请您概括性地介绍一下您个人对体育社会心理学的认知(例如,什么是体育社会心理学、如何界定体育社会心理学、从运动心理学中区分出来的依据等)。

2.您认为体育社会心理学应该关注哪些主题?(能举些例子吗?谢谢!)

第三章　国际运动心理学界对体育社会心理学的认知

3. 您觉得目前体育社会心理学研究存在哪些不足？

4. 您对哪些体育社会心理学问题感兴趣？

（2）联系王进、姒刚彦、季力康3名中国专家（华人运动心理学家的杰出代表，具有海外学习背景，熟悉国际运动心理学发展情况，在体育社会心理学领域开展过专门研究，并取得优异成果。调查人员能够与他们进行中文交流，这有利于检验初访问题的效度，并帮助研究者进行完善，为后续调查打下基础），获得访谈许可后实施第一阶段的调查。

（3）根据专家意见修订访谈问题，并翻译成英文版访谈提纲。根据国际运动心理学会（ISSP）、美国应用运动心理学会（AAASP）、亚洲及南太平洋地区运动心理学会（ASPASP）和中国体育科学学会运动心理学分会（CSSP）等组织的通讯录，向中外70名优秀运动心理学家发出调查请求，获得许可后通过电话或邮件完成采访。

What about Social Psychology in Sport

Dear Professor, thank your support for my investigation. The following 4 questions are listed for your own and chief views to "social psychology of/in sport". Some sentences of your own opinions are most important for my research. Thank you very much!

1. Would you like to introduce "social psychology in sport" to me? In other words, what is "social psychology in sport"? Can you give me a definition based on your own views?

> 2. In your opinion, what are the themes of social psychology in sport? Can you give me some examples?
>
> 3. What are the research shortcomings of social psychology in sport?
>
> 4. Which themes are you interested in social psychology in sport?

获得访谈信息后,研究者首先将访谈录音和 E-mail 内容提取出来,转换成文本文件。然后,在 1 名英语专业在读博士研究生的协助下将英文信息翻译成中文。将每位被访者对体育社会心理学的定义提取出来。例如 C07 认为体育社会心理学是研究"体育运动情境下的社会心理学问题";EA04 认为"相对于生理心理学,体育社会心理学更强调社会心理学或心理过程"。最后,标注每条定义的关键词。例如 C07 的界定被标注的关键词包括"体育情境"和"社会心理"。访谈信息通过随机编码呈现,编码开头大写字母表示地区,其中"C"表示中国大陆地区、"CTW"表示中国台湾地区、"EA"表示欧美地区。关键词提取工作由 2 名运动心理学专业博士研究生和 1 名硕士研究生分别进行,然后在运动心理学家的指导下统一意见(见附录4)。

2. 帕累托分析法

帕累托分析是一种分析、查找主要因素的直观图表。将要分析的因素按主次从左向右排列作为横坐标,纵坐标为各因素所占的百分比或累计百分比。把累计百分比分成三类:0～80%为主要因素,80%～90%为次要因素,90%～100%为一般因素。本研究采用帕累托分析法统计运动心理学家提及的体育社会心理学研究对象的词频和百分比,以明确体育社会心理学的主要研究对象、次要研究对象和一般研究对象。

第二节 结果与分析

一、中外运动心理学家对体育社会心理学的定义

《现代汉语词典》(第6版)对"定义"的解释是对概念的内涵或语词的意义所做的简要而准确的说明。20位受访专家基于各自的学术经验,提出了相应的体育社会心理学定义。根据这些定义的核心思想,可以区分为两大类:模糊化定义和具体化定义(附录4)。

12名受访专家的模糊化定义从4个方面参照了社会心理学的界定(图3-1),分别是:体育情境下的社会心理问题、套用社会心理学的定义、用社会心理学理论阐释体育活动中的心理问题和相对于生理心理学的定义。

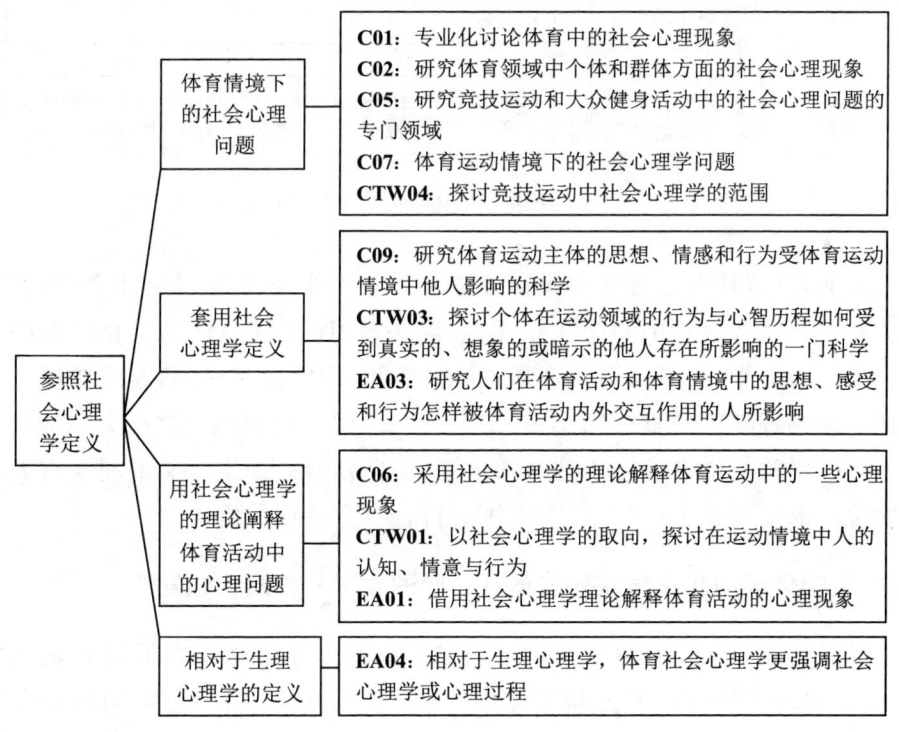

图3-1 中外运动心理学家对体育社会心理学的模糊化定义

8名受访专家的具体化定义强调了体育社会心理学的4个核心特征(图3-2),分别是:体育活动中的交互作用、体育活动中的人际关系、体育社会化视角的定义和社会学视角的定义。

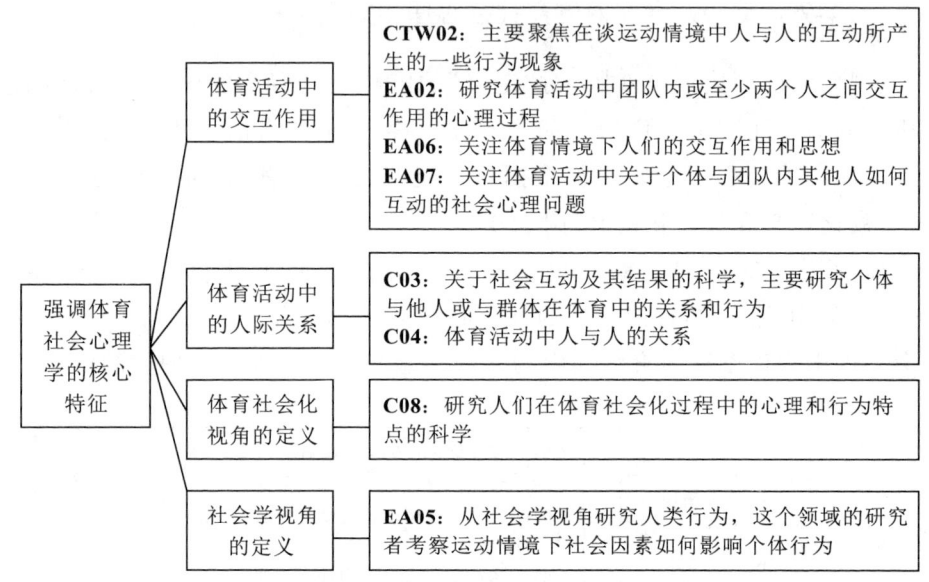

图3-2 中外运动心理学家对体育社会心理学的具体化定义

目前,体育社会心理学的研究任务和发展水平不能等同于社会心理学,它主要关注体育活动中的交互作用、人际关系、体育社会化过程和社会因素对个体行为的影响,而社会心理学关注的政治、国际冲突、疾病等问题还没有得到运动心理学家的重视(Taylor等,2004)。因此简单"套用"社会心理学定义无形中虚构了体育社会心理学的内涵,借用社会心理学定义不利于有效认知现阶段的体育社会心理学,它应该有符合自身特征的定义。

二、中外运动心理学家对体育社会心理学学科性质的认知

学科性质是在学科分类基础上对某一学科基本形态与本质特点的界定(米靖,2012)。根据张力为和毛志雄(2003)、Woods(2011)对运动心理学和体育社会学研究内容的介绍,对20名运动心理学家建议的体育社会心理学定义的学科性质进行归纳,发现12名运动心理学家持心理学倾向,8名运动

心理学家持社会学倾向(图 3-3)。

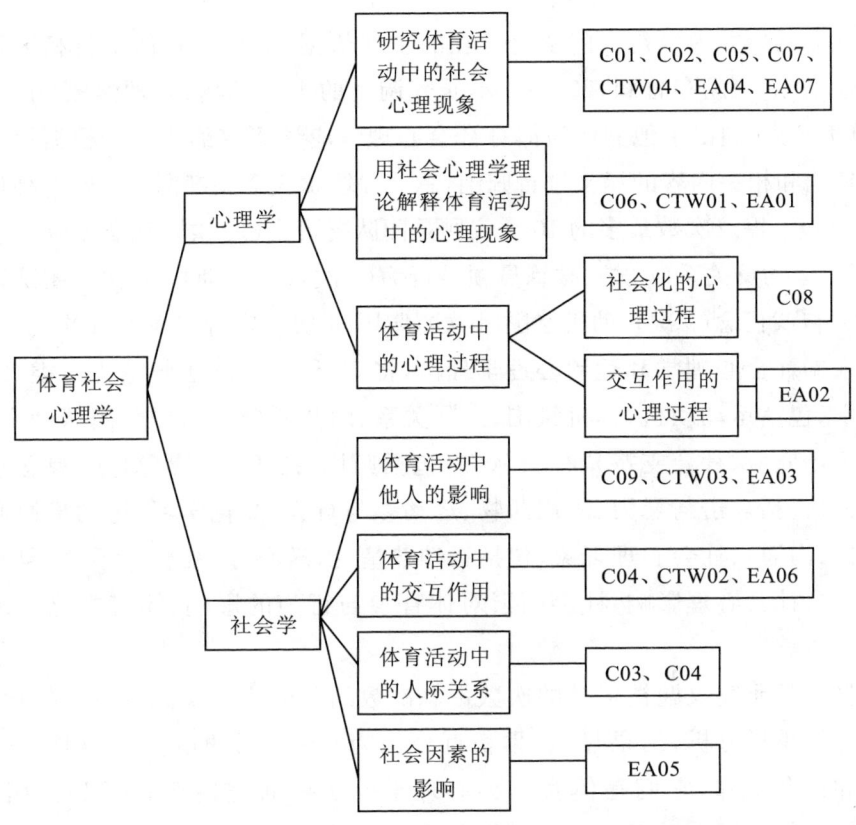

图 3-3　20 名中外运动心理学家对体育社会心理学学科性质的认知

社会心理学的理论来源深受心理学、社会学、人类学和生物学等多种学科的影响,其 6 种主要理论中的 4 种(心理动力学理论、群体动力学理论、社会学习理论和社会认知理论)来自心理学研究取向,2 种(符号交互理论和社会交互理论)来自社会学研究取向(王恩界,2008),所以心理学部分主要关注心理现象和心理过程,社会学部分主要关注他人影响、人际关系、交互作用和社会影响。我们应该以心理学和社会学的双重视角来看待体育社会心理学,这是一门同时具有心理学和社会学性质的交叉学科。

三、中外运动心理学家对体育社会心理学研究内容的认知

独立的研究内容是一门学科存在的主要依据,也是与其他学科相区别的重要标志(刘一民和曹莉,2008)。本研究调查的17名运动心理学家(中国11人、欧美6人)列出了他们认为体育社会心理学应该研究的内容。根据社会心理学理论和相关内容的涵义进行归纳,总共提取125个关键词,包括58种议题(表3-4)。提及次数最多的10个议题是团队凝聚力(10次)、观众效应(8次)、教练员-运动员关系(7次)、教练员领导行为(7次)、运动动机(6次)、团队动力(5次)、自我概念(5次)、动机氛围(4次)、归因(4次)、攻击与暴力(4次)。

根据社会心理学和运动心理学理论,将58种研究议题归纳为8类:团体动力学(包括运动动机、动机氛围、人际关系、团队凝聚力、领导、团队动力、观众和主场效应、社会支持)、社会认知(包括归因、态度、自我、知觉、观念)、社会行为(包括攻击与暴力、滥用药物、运动参与行为、文化学习、运动员职业生涯转换、沟通)、社会心理现象(包括运动热情、执教心理、社会关系、表象和社会解释)、社会心理影响、社会因素对体育参与行为的影响、体育文化心理学和体育道德。

将每类研究议题被提及的次数占总次数的百分比从高到低进行排序,然后进行帕累托分析,结果显示,累积百分比为0~80%的研究内容是团体动力学和社会认知,它们是体育社会心理学的主要研究内容;累积百分比为80%~90%的研究内容是社会行为和社会心理现象,它们是体育社会心理学的次要研究内容;累积百分比为90%~100%的研究内容是体育文化心理学、体育道德、社会因素对体育参与行为的影响和社会心理影响,它们是体育社会心理学的一般研究内容(图3-4)。

此外,部分被访专家注意到体育社会心理学探讨了一些有意义的新问题,如队友关系(CTW02)、朋辈影响(C09)、运动员职业生涯转换(C04)、父母教养效应(EA06)、文化差异效应(EA06)等。由此可见,社会心理学、社会学和文化心理学是促进体育社会心理学发展的重要知识源泉,体育社会心理学可以参照这些学科建设和自身发展情况扩展自己的研究内容。

表3-4 中外运动心理学家认为体育社会心理学应该研究的议题

议题	提及次数	议题	提及次数	议题	提及次数
团队凝聚力	10	年龄与运动参与	2	自我呈现	1
观众效应	8	出生地影响	2	自我设限	1
教练员-运动员关系	7	文化影响	2	种族观念	1
教练员领导行为	7	体育文化心理	2	社会态度	1
运动动机	6	成就动机	1	体育态度	1
团队动力	5	比赛动机	1	效能信念	1
自我概念	5	人际关系	1	焦虑	1
动机氛围	4	队友领导	1	运动员养育方式	1
归因	4	健康促进	1	饮食失调	1
攻击与暴力	4	朋辈影响	1	兴奋剂	1
队友关系	3	榜样	1	青少年体育行为	1
社会支持	3	群体问题	1	运动员的文化学习	1
跨文化差异	3	社会促进	1	个性与运动参与	1
合作与竞争	2	教练员影响	1	执教心理	1
主场效应	2	父母教养	1	表象	1
运动员职业生涯转换	2	父母影响	1	社会解释	1
药物滥用	2	社会认知过程	1	性格塑造	1
沟通	2	人际知觉	1	社会分层影响	1
运动热情	2	社会知觉	1		
社会关系	2	个人知觉	1		

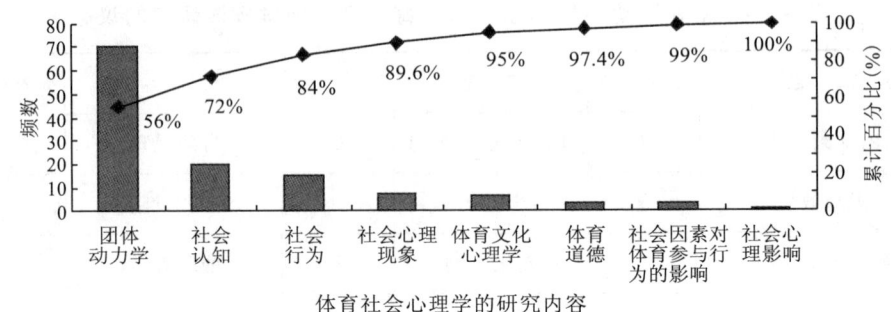

图3-4 中外运动心理学家对体育社会心理学研究内容认知的帕累托分析

第三节 讨 论

一、体育社会心理学的定义

如何界定体育社会心理学体现了研究者们对体育社会心理学内涵的认知。调查发现,目前运动心理学家对体育社会心理学的认知多元化,其中5人套用社会心理学概念(C01、C09、CTW01、CTW03和EA03)、7人以社会心理学指称(C02、C05、C06、C07、CTW04、EA01和EA04)、6人强调人际关系(C03、C04、CTW02、EA02、EA06和EA07),各有1人认为是社会影响(EA05)和个体社会化的心理现象(C08)。虽然20位运动心理学家对体育社会心理学的认知存在差异,但大部分被访者(除EA05之外)将社会心理学作为考量体育社会心理学的基础。可见,运动心理学家们对体育社会心理学的认知深受社会心理学的影响,还没有摆脱社会心理学的束缚,常常"套用"社会心理学概念用来界定体育社会心理学。

体育社会心理学作为社会心理学与体育科学的交叉学科,难以逃脱社会心理学的母系约束,但体育社会心理学受自身生长环境的影响,已经发展出独具特色的论题,如教练员-运动员关系、体育道德、主场效应、运动员职业生涯转换等。社会心理学对体育社会心理学的长期影响显然约束了中外运动心理学家对体育社会心理学的认知,所以借用社会心理学定义成为研究者们界定体育社会心理学的主要形式。

西方社会心理学的定义分两类：一类认为社会心理学是研究人的社会行为的科学；另一类认为社会心理学应把人与人之间的关系或人与人之间的相互影响作为研究对象（乐国安，2008），这些特征得到了中外运动心理学家的认同，因此从交互作用、人际关系、行为等方面对体育社会心理学进行界定。

由于社会心理学与体育社会心理学研究任务的差异，"套用"社会心理学概念显然难以有效认知现代体育社会心理学的范畴，因为体育社会心理学不仅要检验社会心理学理论和方法在体育情境中的适用性，还要从体育情境中发掘自有理论和方法。

根据本研究的调查结果，从体育社会心理学研究范畴看，可以将其定义为：研究体育情境中的社会心理现象、社会行为和体育文化心理问题；从体育社会心理学的具体研究内容看，可以将其定义为：研究体育情境中个体与个体、个体与群体、群体与群体的相互关系、运动行为与社会心理氛围的交互作用、体育影响个体社会化的心理过程、体育情境中的社会行为特征和体育文化心理问题。

二、二元视角下的体育社会心理学学科性质

社会心理学与社会学和心理学关系密切，这种关系注定体育社会心理学同时兼备社会学和心理学的特征。具体来讲，应该是社会学和心理学性质的研究议题共同构筑了体育社会心理学的学科基础。因此，我们需要在体育领域为前提的背景下从社会学和心理学的二元视角认知体育社会心理学。

首先，现代体育社会心理学是一门交叉学科，社会学或心理学的单一学科视角都很难充分考量体育社会心理学的本质，所以要从多角度认知体育社会心理学，它应该包括社会心理学中与体育运动相关的内容、运动心理学中社会心理学性质的部分、体育社会学中心理和行为方面的研究，这些内容共同构成了体育社会心理学的研究范畴。这种学科交叉的情况在社会心理学、运动心理学、体育社会学、体育社会心理学的著作中经常存在。例如体育社会学、社会心理学和体育社会心理学都研究体育暴力；运动心理学和体育社会心理学都研究教练员与运动员关系；体育社会学和体育社会心理学都研究主场效应。虽然这些议题同时存在于不同学科，但共同被体育社会心理学收纳，所以应从交叉学科的角度思考体育社会心理学。

其次,文献中对体育社会心理学的学科属性存在三种观点:① Bouet(1970)认为社会心理性(Socio-psychological)是体育运动的最深层次特征之一,所以体育社会心理学是社会心理学的研究领域之一;② Richardson(1972)认为体育社会心理学是从体育社会学中发展出来的一门子学科;③ Carron(1980)认为体育社会心理学是运动心理学中社会心理学性质的内容。可见,社会心理学、体育社会学和运动心理学均是体育社会心理学的母学科。

此外,体育社会心理学的研究对象具体表现为:个体在体育活动中的社会行为和社会心理现象、运动团队中的心理现象、运动与心理发展、体育活动中的社会认知、体育文化心理,所以体育社会心理学是将社会心理学、运动心理学和体育社会学中的相关内容集合成一门新的二级学科,因此,这门学科同时具备心理学和社会学的学科性质。

三、体育社会心理学的研究内容

Jowett和Lavallee(2007)认为,了解体育社会心理学最好的办法就是看它研究什么。从体育社会心理学的发展历程看,早期体育社会心理学研究来自社会心理学家的工作,如体育运动中的社会促进效应(Triplett,1898)、体育运动与人的社会化过程(Patrick,1903)、观众与大学生运动员的竞赛表现(Howard,1912)等,随后体育教育工作者意识到社会心理学价值(Martens,1970),如Pennsylvania State College的体育教育教授Davis(1934)发现高中运动员的学业成绩受他们与教员、教练员人际关系的影响。20世纪60年代后期,运动心理学界兴起社会心理学研究,检验了社会促进理论(Martens,1970)、群体效应(Kuhn,1970)、成就动机(Healey和Landers,1973)、归因(Iso-Ahola,1975)等多个社会心理学理论在体育情境中的适用性(Landers,1995)。20世纪70年代后期,体育社会学界开始调查体育活动中的不良行为、攻击和暴力、观众和球迷行为、社会满意度、社会化等问题(Luschen,1980),这些内容已经成为现代体育社会心理学的一部分,即体育情境中的社会行为和社会因素对体育参与行为的影响(Carron,1980)。20世纪80年代开始,体育活动中的领导问题得到重视,并成为现代体育社会心理学的核心议题(Cratty,1981;Anshel,1997;张力为和任未多,2000)。进入21世纪,研究者们开始探讨体育活动对社会心理的影响,如 Weinbergh 和 Gould(2003)介绍了运动与儿童心理发展、个性发展与运动人格等方面的研究成果。社会文化心理是体育社会心理学的新领域,近期才由 Jowett 和 Lavallee(2007)、王进(2013)进行了报道,此前体育社会心理学著作主要关注个体层面和群体层面的问题,而且核心内容是团体动力、人际关系、教练领导、运动攻击等议题。

从 1973 年至今,体育社会心理学的研究内容主要涉及五大类:体育活动中的社会行为(博彩、不良行为、骚乱、群体行为、攻击、暴力、锻炼行为、领导行为、职业转换等)、体育活动中的社会心理现象(观众效应、主场效应、动机、关系、沟通、竞争与合作、社会支持、情感、道德、激情、兴趣、归因、角色、社会化)、运动团队(团队凝聚力、团队动力、团队合作、团队过程)、运动与心理发展(运动与儿童心理发展、个性发展与运动人格、锻炼和身体自我)、体育活动中的社会认知和体育文化心理(体育文化心理、跨文化问题、人种分布学心理研究)。这些研究内容又具体表现为:①体育活动中个体的社会心理特征和行为及其产生的心理过程;②体育活动中的交互作用;③体育文化心理及其影响(表 3-5)。

表 3-5 相关著作中表现的体育社会心理学研究内容(苏庆福,2005)

作 者	年代	著 作	主要研究内容
Bryant J. Cratty	1973	*Psychology in Contemporary Sport*	教练与运动队交互作用、观众和运动迷、运动领导
Rainer Martens	1975	*Social Psychology in Physical Activity*	社会促进、模仿和观察学习、社会强化、社会化过程、人际关系、运动攻击、运动人格
松田岩男	1980	体育心理学参考教材	运动队心理
Albert Carron	1980	*Social Psychology of Sport*	领导性质和动因、团队凝聚力、社会促进
Bryant J. Cratty 和 Yuril Hanin	1980	运动团队中的运动员	人际沟通、人际知觉、教练员-运动员关系
Bryant J. Cratty	1981	*Social Psychology of Sport*	竞争效用、团队凝聚力、团体动机与抱负、运动攻击、观众影响、领导行为

续表 3-5

作　者	年代	著　作	主要研究内容
黄金柱	1985	体育社会心理学	早期社会经验和以后的运动参与、竞争与合作、团体凝聚力、归因、动机、团体动机和抱负、运动团队中的人际沟通、社会化过程、态度、运动人格、运动攻击、社会促进和观众影响、运动学习、教练员-运动员关系、教练领导行为、运动团队
国际运动心理学会	1993	国际运动心理学手册	动机的社会认知、团体动力学、社会影响
季浏和朱学雷	1996	体育社会心理学	运动团队凝聚力
马启伟	1996	体育心理学	体育团队心理、体育活动中的攻击行为
Mark H. Anshel	1997	Sport Psychology: from Theory to Practice (Third Edition)	归因、运动攻击、运动中的领导、沟通、团队氛围
张力为和任未多	2000	体育运动心理学研究进展	运动员的攻击行为、观众效应和主场效应、运动团体的凝聚力、教练员的领导行为
Richard H. Cox	2002	运动心理学——概念与应用	体育运动中的攻击行为和暴力行为、观众效应、团队凝聚力、体育中的领导
马启伟和张力为	2002	体育运动心理学	体育运动的社会化、教练的领导行为、体育团队凝聚力、体育中的攻击行为
Robert S. Weinbergh 和 Daniel Gould	2003	Foundations of Sport and Exercise Psychology	竞争与合作、团队动力与凝聚力、领导、沟通、不健康行为、运动与儿童心理发展、运动攻击、个性发展与运动人格
张力为和毛志雄	2003	运动心理学	运动团队凝聚力、教练员的领导和管理、观众效应和主场效应、运动中的攻击与暴力
Martin Hagger 和 Nikos Chatzisarantis	2005	The Social Psychology of Exercise and Sport	社会认知和锻炼行为、锻炼意图与锻炼行为、锻炼和身体自我、运动动机、运动员的情感、运动中的团体过程、攻击和群体暴力

续表 3-5

作　者	年代	著　作	主要研究内容
Sophia Jowett 和 David Lavallee	2007	Social Psychology in Sport	社会关系、沟通、教练员领导和团队动力、团队凝聚力、动机氛围、运动中的关键社会过程和认知过程、观众效应、运动道德、社会支持、运动员职业转换、运动激情、运动心理学中的跨文化问题
王　进	2013	当代体育社会心理探索——从理论到实践	体育活动的参与程度和兴趣、社会认知、人际关系、社会行为（博彩、不良行为、骚乱、群体行为等）、领导行为与团队合作、归因、运动角色、动机、主场效应、体育文化心理、人种分布学心理研究

结合中外运动心理学家的建议，体育社会心理学的主要研究内容应该包括：体育情境中的团体动力学、社会认知、社会行为、社会心理现象、社会心理影响、社会因素对体育参与行为的影响、体育文化心理学和体育道德 8 个类别，主要来自 4 个方面：社会心理学中与体育运动相关的内容、运动心理学中社会心理学性质的部分、体育社会学中心理和行为方面的研究、文化心理学中与体育运动相关的议题。

本章小结

社会心理学对体育社会心理学的影响很深，大部分运动心理学家依然习惯借用社会心理学定义来界定体育社会心理学，但体育社会心理学目前的研究任务和发展水平显然不等同于社会心理学，"套用"社会心理学定义将无形中扩大体育社会心理学的内涵。根据本研究发现，广义的体育社会心理学可以定义为：研究体育情境中的社会心理现象、社会行为和体育文化心理问题；狭义的体育社会心理学可以定义为：研究体育情境中个体与个体、个体与群体、群体与群体的相互关系、运动行为与社会心理氛围的交互作用、体育影响个体社会化的心理过程、体育情境中的社会行为特征和体育文化心理问题。

体育社会心理学不仅要检验社会心理学理论和方法在体育情境中的适用性，还需要从体育情境中发掘自有的理论和方法。

由于体育社会心理学的学科属性，我们应该从社会学和心理学的二元视角认知体育社会心理学，因为体育社会心理学的研究内容可以划分为社会学和心理学两种性质，前者关注行为和关系，后者关注心理和文化现象。尽管社会心理学显现了体育社会心理学的核心特征，但这门学科还涉及到运动心理学和体育社会学的相关内容，所以它不能被简单地视作社会心理学的子学科，而是社会心理学、运动心理学和体育社会学交叉形成的一门新学科，因此这门学科同时具备心理学和社会学的学科性质。

大部分中外运动心理学家认为体育社会心理学是研究体育情境中的社会心理学现象、人际关系和他人影响，他们对体育社会心理学研究内容的认知可以归纳为体育情境中的团体动力学、社会认知、社会行为、社会心理现象、社会心理影响、社会因素对体育参与行为的影响、体育文化心理学和体育道德8种类别58个议题，其中团体动力学和社会认知是主要研究领域。从现代体育社会心理学的研究特征看，主要由4部分构成：社会心理学中与体育运动相关的内容、运动心理学中社会心理学性质的部分、体育社会学中心理和行为方面的研究、文化心理学中与体育运动相关的议题。

第四章 体育社会心理学研究内容的技术方法

19世纪末,体育竞赛中的社会促进现象在社会心理学和运动心理学的学术史上占据了重要地位(游茂林,2014),但直到1968年美国学者Gerald Kenyon在第2届国际运动心理学大会上报告论文《Social psychology of sport and play》,根据当时的社会心理学理论初步阐释了体育社会心理学的基本内涵。

在过去的40多年里,国际运动心理学界出版了至少10部体育社会心理学著作,发表多篇关于体育社会心理学理论的学术论文,但只有刘周敏(2006)的硕士学位论文是目前可以查阅的唯一一份探讨体育社会心理学研究内容的论文,可惜研究者依然局限于运动心理学、体育社会学和社会心理学的框架以内。Martens(1975)认为,体育社会心理学是运动心理学和社会心理学两门学科交叉的结果,社会心理学是体育社会心理学产生的基础学科。因此,不能忽视运动心理学、体育社会学、社会心理学等基础学科的影响。体育社会心理学的发展历程提示我们:体育社会心理学可能包含许多来源于体育领域的研究内容。

研究者们在没有明确界定体育社会心理学研究内容的情况下,套用社会心理学等基础学科的概念是普遍的做法,虽然教练员-运动员关系、体育暴力、主场效应、观众效应等核心议题得到普遍认可,但占据大部分篇幅的非核心议题的选择存在明显差异。例如,王进(2013)介绍了完美主义、人种分布学心理研究、流畅体验、印象管理等内容,在其他著作中没有出现;而其他著作中存在的人际冲突(Jowett和Lavallee,2007)、锻炼成瘾(Hagger和Chatzisarantis,2005)、忠诚(Russell,1993)等内容也没有出现在这部著作之中。

研究内容是一门学科构建的基础,体育社会心理学的发展也需要较明确的研究内容作为前提,但这不是一个人的事情,因为相关文献中从来就没有明确"为什么所选择的内容是体育社会心理学研究?"因此,要想确认体育社会心理学的研究内容,就必须首先明确选取内容的科学方法。

鉴于这个问题的特殊性,且在体育社会心理学领域没有先例可以借鉴,本研究组织了一次小型国际学术讨论,邀请中外5位知名运动心理学家参与讨论。

第一节 研究方法

在查阅大量相关文献后,发现国际运动心理学界至今没有深入探讨体育社会心理学的研究内容,而国际上针对如何确定一门学科的研究内容的报道也很少见。体育社会心理学的著作者通常根据各自采用的学科定义,按照自己的认知选择相关内容,甚至有的学者用不同的研究内容以体现创新成果。鉴于这种情况,笔者首先同王斌教授(华中师范大学体育学院,博士生导师)、王进教授(浙江大学教育学院,博士生导师)和 Michael Sagas 教授(美国佛罗里达大学 Health and Human Performance College,博士生导师)商谈"一名专家判断一个议题是否属于体育社会心理学研究的依据是什么?"他们均认为学术经验和理论知识是作出相关判断的主要依据。然后,笔者通过电子邮件邀请中外5位运动心理学家参与讨论,其中3人完成了全部访谈。访谈中出现不明确的信息,研究者通过追问解决。访谈工作于 2014 年 12 月 6 日—12 日完成(表4-1)。

访谈内容包括三个主题:①判断体育社会心理学研究内容的原因;②判断体育社会心理学研究内容的原则;③判断体育社会心理学研究内容的方法。三个问题依次提出,如果被访专家对前一个问题的回答存在不清楚的地方,先适当追问,然后提出下一个问题。各位专家的回答整理成 Word 文档,将其中与本研究无关的内容剔除掉,剩下的信息为本研究备用。考虑学术伦理问题,相关内容表述者采用 C、D、E、F 和 G 的随机编码代替(附录5)。

表 4-1 被访专家基本信息

专家姓名	工作单位	学术身份	参与体育社会心理学研究的情况
Mark H. Anshel	Middle Tennessee State University	博士,教授,博士生导师	著作《Sport Psychology: from Theory to Practice》,涉及压力管理、领导、焦虑、兴奋剂使用、因果归因
Jack Watson	West Virginia University	博士,教授,博士生导师	论文涉及道德、压力管理、自我决定、主场效应
Costas Karageorgh	Brunel University	博士,教授,博士生导师	论文涉及态度、幸福、动机和心理健康
王 进	浙江大学	博士,教授,博士生导师	在《体育科学》上发表多篇体育社会心理学方面的论文,涉及教练员-运动员关系、动机、生活满意度、自我决定等多个议题
黄崇儒	台北市立体育学院	博士,教授	《运动社会心理学》的主译者,涉及自信心、运动员精神、动机氛围

第二节 结果与分析

一、判断体育社会心理学研究内容的理由

Gill(2009)在"2008 C. H. McCloy Lecture"上讲到:"一直以来,Martens 都在改变他对体育社会心理学的观念,这不仅因为二级学科的发展,更在于人类学领域较大范围的研究途径和专业实践的进步"。体育领域产生体育社会心理学研究内容的特性,可能是 20 世纪 70 年代至今国际运动心理学界对体育社会心理学研究内容没有形成比较稳定认知的重要原因,因此主要著作中的内容结构一直在变化(苏庆福,2005)。这也提醒我们:社会心理学定义不是确认体育社会心理学研究内容的可靠证据。关于判断体育社会心理学研究内容的理由,专家们的观点分为两种(附录5)。

(1)只有与社会环境因素相联系的议题,才有可能是体育社会心理学研究。

C 教授:首先,以"体育社会心理学"命名的图书非常少见,因为"运动

心理学"这个题目包含了社会心理学。"社会"意味着运动或锻炼行为发生的环境或情境。"心理"意味着个体的性格影响他/她的思想、情绪和行为/绩效。因此，社会心理学呈现的是那些影响运动员个性与所有影响运动绩效（好的或坏的，喜欢的或不喜欢的）的环境因素之间的联系。也就是说，个人与环境因素的联系导致了较好的（或较坏）的比赛和锻炼效果。

D教授：实际上，很难区分哪些议题是社会心理学研究。如果一项研究的视角包含社会问题，它就可以被认为是社会心理学研究，所以我坚持社会心理学的定义，特别是与运动相关的研究。因此，从社会心理学的概念出发，所有你想要区分的议题，基于相应的调查情境，都有可能是社会心理学研究。相比于概念本身，如何确定一个议题是不是体育社会心理学研究，更依赖于怎样研究它。我确实认为社会心理学几乎存在于我们所做的所有研究之中（注：D教授的回答涉及我们前期的一些交谈，这里的"所有研究"是指运动心理学方面的研究），我也认为不同研究者会有不同的界定。

E教授：体育社会心理学需要与运动心理学、社会心理学、体育社会学、心理学区别开，但它们又是有联系的。具体地讲，"动机"应该放在体育情景中讨论群体相关的动机，才能算体育社会心理学的选题。"人际关系"应该放在体育情景中来讨论才是体育社会心理学。这是其他学科所不具备的，也是区别于其他学科的依据，以这样的思路，相对于这些关联性学科，"体育社会心理学"应该是一门更具体、更深刻的理论体系，同时也是更能解释体育社会行为的一个理论体系。

（2）体育社会心理学的研究目的是探讨运动情境中的人际互动问题。

F教授：社会心理学的一个关键因素是描绘运动情境中人的交互作用的科学研究，这可能包含许多维度，例如与个体绩效相关的目标、领导/管理/执教/心理需要满足，等等。

G教授：基本上，可以思考何谓"social psychology"，是指由人际环境互动之后所造成的一些心理反应或特征，这样就比较清楚。如果研究议题与这个方向有关，大概就可以将其归纳为 social psychology for sport or exercise 的领域了。

由此可见，体育社会心理学的研究内容首先必须是一个发生在社会环境里的问题,然后要产生人际互动。这意味着:发生在内环境中的问题和不存在人际影响的议题,就不能被认作是体育社会心理学的研究内容。

二、判断体育社会心理学研究内容的原则

《现代汉语词典》(第6版)中"原则"是指说话或行事所依据的法则或标准。从教材内容选择原则(叶永延和郑亦华,1996)和学位论文选题原则(周毅,2009)等研究报道来看,原则的确定是界定体育社会心理学研究内容的基础。关于判断体育社会心理学研究内容的原则,专家们的观点分为两种。

(1)社会心理学定义依然是判断体育社会心理学研究内容的重要依据。

C教授:当你考察环境因素如何影响心理因素以及它们怎样影响绩效的时候,大部分研究就是体育社会心理学研究。这完全取决于你的研究问题。这些问题可能是一些情境或环境影响运动员的思想、情感或绩效(也可能是三者兼顾)。研究者们不会标定他们的研究是社会心理学的,因为它本质上是阐释一个运动心理学分支的概念。

D教授:如果你在期刊和著作中发现一些文献与体育社会心理学相关,那么你就可以确认它们是体育社会心理学研究。我们开展的大部分研究都是社会心理学的,它是一项研究关注个体思想、感受和行为如何被他人(存在的、暗示的或想象的)影响的构件。

(2)综合考虑"体育""社会"和"心理"三元素的合作效应。

E教授:关于社会心理学的理论构建应该是从现象学开始,体育社会心理学也不例外,所以,你要注意可能的走入误区,就是认为主观地强制把某些词语归入某类体系,而实际上社会心理问题的思考,本身就可能跨到多个体系中。这里面关键是体育、社会和心理这几个关键词。也就是说,我们无论是在构建理论体系,还是在选题上,都必须考虑这三个元素。

体育社会心理学的概念是从社会心理学中引申而来的,现代体育社会心理学不可能逃离社会心理学而完全独立,因此,社会心理学定义是判断体育社会心理学研究内容的重要依据。但是由于社会心理学定义的高度概括性,导致体育社会心理学著作载文结构的差异,所以判断体育社会心理学的研究内容,还需要考虑议题的基本性质(体育、社会和心理)。

三、判断体育社会心理学研究内容的方法

判断体育社会心理学研究内容的理由和原则只是为我们提供了指导思想，要想具体地将体育社会心理学研究内容呈现出来，必须采用相应的科学方法。对于这个问题，专家们的观点分为两种。

（1）E教授和C教授认为，首先要明确理论依据，从现有文献中提取体育社会心理学的研究内容，前人的判断依据和结果将帮助我们作出决策。

（2）E教授和D教授认为，应该听取专家建议，毕竟体育社会心理学的研究内容不仅存在于理论之中，实践更是产生体育社会心理学研究内容的温床，研究者们存在的隐性体育社会心理学知识具有重要的参考价值。

有三位专家的观点如下：

C教授：这个（选题）应该来自于阅读现成文献，前人发表的论文会告诉你（读者）需要研究什么样的课题。阅读一些运动心理学的著作和论文，你会发现你感兴趣的问题，然后阅读尽可能多的相关文献，这样的话你将发现在某个领域中需要研究哪些问题。运动心理学（除了体育社会心理学）也包括其他的几个分支，例如临床的、生理心理的、人格的、锻炼心理学，等等。因此，我建议你从最近出版的期刊中考察哪些议题需要进一步研究，然后提出一个相关的课题。

D教授：你可能需要从体育社会心理学专家的角度做一个定性研究。可能有助于你评估社会心理学怎样影响这些专家们的研究工作和阅读倾向？他们对社会心理学影响运动心理学持什么样的观点？

E教授：你首先应该研究编码标准，确定你的信息选择标准作为校标，这是最重要的理论依据，这个校标的正确与否决定你的成败，以我的判断应该是我提到的体育社会心理学的三元素，围绕这三元素进行论证，有了校标，再进行专家访谈，用开放式调查收集信息，确定研究体系内容。

由此可见，理论依据和经验证据是确认体育社会心理学研究内容的重要基础。因此，文献挖掘和专家调查是甄别体育社会心理学研究内容的有效方法。

第三节 讨 论

　　Morris(2013)提醒我们,在过去的半个世纪里"社会心理学"概念一直被不严谨地用于体育科学研究,因此,许多被视为"社会心理学"的论题彼此独立,加之大部分运动心理学家更愿意关注特定主题,导致对体育社会心理学学科的整体性认知不足。这种严重依赖于社会心理学而确认体育社会心理学研究内容的思路,不仅导致体育社会心理学研究者对体育社会心理学的研究范畴认知差异较大,而且至今未能构建体育社会心理学的方法论和理论体系。这种情况也导致体育社会心理学产生较早,但在运动心理学中的地位不及锻炼心理学和体育教育心理学,因为体育社会心理学没有构建坚实的内容基础,学科存在和发展的平台缺位。实际上,体育社会心理学目前仍然是一个学科概念,而不是一门独立的学科。因此,推动体育社会心理学的学科建设,当务之急是尽快构建体育社会心理学的内容体系,而前提就是科学辨别体育社会心理学的研究内容。

　　如何确认体育社会心理学的研究内容?从体育社会心理学的发展历程看,它首先来自体育领域原生的内容,其次才是从社会心理学引入的内容。因此,依靠社会心理学理论判断体育社会心理学的研究内容,很容易忽视体育运动实践中最新发生的社会心理现象,毕竟我们现在熟知的观众效应、教练员-运动员关系、主场效应、体育暴力等问题均来源于体育领域,所以在界定体育社会心理学研究内容时,除了考虑现有理论,还要重视经验证据。

　　这次小型国际学术讨论的结果表明,体育社会心理学研究内容必须存在于社会环境中,表现为人际互动,因此在判断哪些议题是体育社会心理学研究内容时,社会心理学的定义是重要参考依据,同时要注意"体育""社会"和"心理"三要素兼备。至于体育社会心理学研究内容的选取,首先要确认这些议题存在何处。从目前的情况来看,体育社会心理学的研究内容一方面存在于公开报道的研究成果之中,成为显性知识;另一方面存在于体育社会心理学研究者的认知之中,是隐性知识。文献挖掘可以获取显性知识,而隐性知识需要通过专家调查才能获得。

本章小结

科学确认体育社会心理学的研究内容,是体育社会心理学方法论和理论体系构建的基础,并为体育社会心理学学科建设提供前提条件。因此,首先需要明晰判断体育社会心理学研究内容的理由、原则和方法,但是这方面的工作缺乏前人提到的研究做铺垫,所以本研究在首轮专家访谈中确认需要基于理论知识和学术经验来判断体育社会心理学的研究内容之后,访谈了5位国际运动心理学家,以进一步明确辨别体育社会心理学研究内容的技术方法。调查结果显示,社会环境和人际互动是判断体育社会心理学研究内容的两个主要理由,而社会心理学定义和"体育""社会"与"心理"三元素是作出判断的两个基本原则。鉴于体育社会心理学研究内容要么公开报道于现有文献之中,要么隐藏于研究者的脑海里,文献挖掘和专家调查是确认体育社会心理学研究内容的两个有效方法。

第五章　体育社会心理学研究内容的界定

　　研究内容是支撑一门学科创建的基础,只有明确了研究内容,才能构建方法论和理论体系(王康乐,2006)。体育社会心理学的学科创建理应首先明确研究内容,但8部体育社会心理学著作都依据社会心理学理论构建内容结构,而社会心理学定义又是一个高度概括的概念,所以研究者在确认体育社会心理学研究内容时,通常依据的是"个人所理解的社会心理学定义",这可能是现有体育社会心理学著作包括不同研究内容的主要原因。

　　从体育社会心理学的发展历程看,19世纪末期报道的"观众效应"研究在很长一段时间内被看作社会心理学的起源,后来报道的教练员-运动员关系、体育暴力、主场效应、兴奋剂使用等研究成果也成为社会心理学的重要研究内容。实际上,体育社会心理学并不是社会心理学在体育领域的延伸,现代体育社会心理学的研究内容主要由两部分构成:从社会心理学中引进的议题和体育领域原生的议题。但是体育社会心理学的这种发展特征长期没有得到重视,对其研究内容的界定习惯于从运动心理学、社会心理学、体育社会学等关联学科进行理论推导(刘周敏,2006)。

　　显然,确认体育社会心理学的研究内容,从现存体育社会心理学的文献中是难以找到确切答案的,因为社会心理学的定义长期不恰当地被用于体育社会心理学研究(Morris,2013),而且研究者们从来没有阐释以什么依据确定所选的研究内容。基于对社会心理学定义的个性化理解,从体育社会学、运动心理学和社会心理学中选取内容,从一开始就将体育社会心理学看作社会心理学的一部分,忽视了体育领域原创体育社会心理学研究内容的功能。因此,确认体育社会心理学的研究内容要从实践中寻找,看看研究者们具体研究了什么。

第一节 对体育社会心理学的研究内容缺乏一致认知

从1968年Gerald Kenyon的报告《The Social Psychology of Sport and Physical Activity》到2013年王进教授的专著《当代体育社会心理探索——从理论到实践》,尽管提出了体育社会心理学的核心议题(如归因、动机、教练员-运动员关系、主场效应、攻击与暴力等),但占居重要篇幅的其他研究内容在现有文献中只得到了个别研究者的认可,而且国际运动心理学界对体育社会心理学研究内容的认知分歧表现得很明显。例如,对8部体育社会心理学著作载文情况进行统计分析发现(附录6),只有领导、体育运动中的行为、竞争与合作、团队凝聚力、动机、社会促进、人际关系、社会认知和社会化9个议题得到共识,但是具体研究内容依然存在差异;运动参与的社会影响因素、运动参与效益、运动团队问题、需要、角色、归因、目标设置、压力、期望、态度、个性/人格、自我概念、满意度、自尊、自我效能、焦虑、情绪17个议题只获得了部分著作者的认可,而且部分议题的具体研究内容差异明显(表5-1和表5-2),同时还有87个议题只存在于个别著作之中(表3-1)。

表5-1 部分体育社会心理学研究者共识且具体研究内容一致的议题

议 题	著作文献
自我效能	Iso-Ahola 和 Hatfield(1986);Russell(1993);Hagger 和 Chatzisarantis(2005)
自 尊	Iso-Ahola 和 Hatfield(1986);Carron(1980);Cratty(1981);Hagger 和 Chatzisarantis(2005);王进(2013)
自我概念	Iso-Ahola 和 Hatfield(1986);Cratty(1981);王进(2013)
目标设置	Iso-Ahola 和 Hatfield(1986);Cratty(1981);黄金柱(1985);Hagger 和 Chatzisarantis(2005)
满意度	Iso-Ahola 和 Hatfield(1986);Russell(1993);Carron(1980);Hagger 和 Chatzisarantis(2005)
个性/人格	Iso-Ahola 和 Hatfield(1986);Russell(1993);Carron(1980);Cratty(1981);黄金柱(1985);Hagger 和 Chatzisarantis(2005)

表 5-2　部分体育社会心理学研究者共识但具体研究内容不同的议题

议题	著作文献	具体研究内容
运动参与的社会影响因素	Iso-Ahola 和 Hatfield(1986)	早期社会环境的影响
	Russell(1993)	出生日期和分工的影响
	Cratty(1981)	父母态度、家长-儿童互动、家庭构成、早期社会经验和出生日期的影响
	黄金柱(1985)	出生顺序、家庭组织、早期社会经验和双亲态度的影响
	Jowett 和 Lavallee(2007)	家长和同辈的影响
运动参与效益	Iso-Ahola 和 Hatfield(1986)	运动参与经历有利于在非体育领域中获得成功、心理健康、心理收益
	Cratty(1981)	通过运动获得地位
	黄金柱(1985)	通过运动获得地位
	Hagger 和 Chatzisarantis(2005)	心理健康、健康信念
	Jowett 和 Lavallee(2007)	主观幸福感
	王进(2013)	健康视角的体育、生活质量
运动团队问题	Russell(1993)	团队环境、团体动力
	Carron(1980)	团队定向的愿望、团队沟通、团队归因、团队结构、团队特征、团队稳定性、团队一致性、团队组成过程、团结
	Cratty(1981)	团队目标设置、团队交互
	黄金柱(1985)	干扰和运动团队、团体成功、观察者目标和团体抱负、运动团队和领导的空间关系、运动团队中的人际沟通、运动团队种类、组成和团队关系的改变
	Jowett 和 Lavallee(2007)	团队动力
需要	Russell(1993)	成就需要、需要、ERG 理论、自我实现
	Carron(1980)	需要
	Cratty(1981)	成就需要
	黄金柱(1985)	成就需要
	Hagger 和 Chatzisarantis(2005)	心理需要

续表 5-2

议题	著作文献	具体研究内容
角色	Russell(1993)	教练角色
	Cratty(1981)	角色理论
	Hagger 和 Chatzisarantis(2005)	角色、角色冲突、角色模糊
	王进(2013)	运动角色、团队角色效应
压力	Iso-Ahola 和 Hatfield(1986)	压力管理
	Russell(1993)	压力寻求
	Carron(1980)	压力
	Cratty(1981)	压力/应急、压力下的运动队
	Hagger 和 Chatzisarantis(2005)	Choking
	王进(2013)	Choking
期望	Russell(1993)	期望(皮格马利翁效应)
	Carron(1980)	愿望
	Cratty(1981)	抱负
	Hagger 和 Chatzisarantis(2005)	意图、愿望、结果期望
归因	Iso-Ahola 和 Hatfield(1986)	控制点理论
	Russell(1993)	归因、内外控制点
	Carron(1980)	归因、因果归因、主观因果、团队归因
	Cratty(1981)	因果归因
	黄金柱(1985)	因果归因
	Hagger 和 Chatzisarantis(2005)	归因、内外控制点
	王进(2013)	社会归因
焦虑	Iso-Ahola 和 Hatfield(1986)	竞赛焦虑
	Carron(1980)	竞赛焦虑、最佳水平
	Cratty(1981)	焦虑
	黄金柱(1985)	焦虑
	Hagger 和 Chatzisarantis(2005)	焦虑、最佳功能区

续表 5-2

议题	著作文献	具体研究内容
情绪	Iso-Ahola 和 Hatfield(1986)	不高兴、紧张、敏感、注意力无法集中
	Russell(1993)	情绪状态
	Carron(1980)	紧张、骄傲、害羞
	Cratty(1981)	失败恐惧
	Hagger 和 Chatzisarantis(2005)	愤怒
	黄金柱(1985)	运动迷和选手间社会-情绪的交互作用
态度	Hagger 和 Chatzisarantis(2005)	态度
	黄金柱(1985)	态度、职业态度
	Cratty(1981)	态度

此外,体育社会心理学研究内容的不统一性,还存在于国际运动心理学家的认知之中(表3-4),而且回顾1970年至今的主要运动心理学文献中有关体育社会心理学的记载(表3-5),可见研究内容不一致的问题长期存在。

如此离散的学界观念,很难促使国际运动心理学研究者聚集力量进行学科创建。愿意为此付出努力的研究者在缺乏统一的研究内容认知的情况下,只好根据个人的学术经验构建独特的内容体系。体育社会心理学已经成为现代运动心理学的重要组成部分,而且体育社会心理学的学科理念早已深藏在中外研究者的学术观念之中,但是它至今无法像竞技体育心理学、锻炼心理学、体育教育心理学那样取得学科地位。如何将意识中的体育社会心理学建设成为运动心理学的一门二级学科,确定研究内容体系、构建方法论和理论体系,是必不可少的三项工作,而内容体系的确定又是前提,并因此形成方法论和理论体系。

为什么国际运动心理学界至今不能统一对体育社会心理学研究内容的认知?

一方面,这可能与国际运动心理学界疏于探讨体育社会心理学的研究内容有关,因为目前可以查阅的专门讨论体育社会心理学研究内容的论文只有8篇(Kenyon,1970;Martens,1970;Richardson,1972;Foon,1987;Brawley 和

Martin,1995;Gill,2009;邱卓英和邱宜均,1995;刘周敏,2006)。但是这些论文产生的时间跨度大,反映了一定的时代特征,因此观点上存在差异,很难形成集合效应。

另一方面,社会心理学对体育社会心理学研究者的影响较大,不管是论文还是著作,受社会心理学思想束缚,引用社会心理学的研究内容成为常态,因此个别体育社会心理学研究者引用个别社会心理学研究者的观点,导致诸如种族、榜样效应、借口、人种分布学心理研究等议题孤独地存在于体育社会心理学的著作中。

国际运动心理学界至今缺乏对体育社会心理学研究范畴的界定,对体育社会心理学的认知严重依赖于社会心理学知识,结果导致体育社会心理学被定义为社会心理学的附属品,这可能影响了国际运动心理学研究者追求体育社会心理学学科独立的积极性,而且在社会心理学的映衬下,体育社会心理学始终缺乏明确的研究范畴界定,创建体育社会心理学既面临着如何从社会心理学中有效独立的挑战,又缺乏学科创建的知识基础。

第二节　体育社会心理学研究内容的检索范围

我们把体育社会心理学的研究内容框定在期刊论文和著作之中,也许存在一些尚未公开报道的议题。由于不会影响对体育社会心理学主体研究内容的认定,可以暂时忽略不计。另外,文献中存在的议题从来没有被明确标定是不是体育社会心理学研究内容,因此,我们初步检索的信息只是"疑似"的体育社会心理学研究内容。

一、中、英文期刊的载文情况

质性分析结果显示,中文论文标题可归结为119个树节点(表5-3),英文论文标题可归结为195个树节点(表5-4),其中中国学者比较关注心理健康、心理特征、焦虑、情绪、归因等议题,国外学者比较关注动机、主观认知、焦虑、目标等议题。中外研究者主要开展的体育社会心理学研究应该蕴含在这些议题之中,至于哪些议题属于体育社会心理学研究,尚待进一步的考证。

表5-3 中文论文标题的树节点编码情况

树节点	参考点数	树节点	参考点数	树节点	参考点数	树节点	参考点数
暴力	12	竞争	1	心理卫生	2	体育文化氛围	1
倾向	14	期望	6	心理选材	7	认知方式	3
成瘾	3	气质	21	心理应激	4	认知功能	24
承诺	8	强迫症	1	心理影响	62	滥用药物	3
从众	1	效能	5	心理障碍	12	不良行为	4
自我	70	伦理	1	心理准备	2	人际关系	16
道德	26	领导	9	心理资本	1	身体意象	4
定向	13	坚持性	10	满意度	44	教练员威信	1
动机	39	决策	18	逆理论	1	胜任特征	10
智力	5	认同	3	耐挫力	2	审美心理	2
态度	51	努力	3	凝聚力	12	体育动力	1
注意	8	倦怠	13	双性化	1	社会支持	13
骚乱	3	目标	29	睡眠健康	2	团队内耗	1
人格	8	社会化	1	感知觉	9	运动员形象	1
个性	46	习惯	3	他人影响	2	习得性无助	3
攻击	10	压力	42	价值观	8	非智力问题	7
沟通	1	依赖	3	执教风格	1	社会心理能力	1
观念	9	意识	18	主观估计	1	运动心理学理论	9
归因	72	意向	3	体育精神	6	心理环境	3
合作	1	意愿	7	体育文化	1	心理健康	225
黑哨	1	意志	26	主场效应	2	心理疲劳	24
激励	4	印象	3	心理适应	7	体育教师的知识	1
记忆	2	应对	28	越轨行为	5	心理特征	196

续表 5-3

树节点	参考点数	树节点	参考点数	树节点	参考点数	树节点	参考点数
思维	2	应激	25	运动疲劳	2	对社会问题的认知	49
情绪	84	信念	5	运动体验	31	运动员心理唤醒	2
健商	2	信任	6	完美主义	6	运动员心理敏捷性	1
焦虑	112	兴趣	31	心理较量	1	对自己的认知	3
角色	18	幸福	21	心理耗竭	2	运动员人力资本特征	1
情感	11	需要	20	运动员退役	1	心理危机的体育干预	1
偏见	2	学习	10	运动员智能	1		

表 5-4 英文研究议题的树节点编码情况

树节点	参考点数	树节点	参考点数	树节点	参考点数	树节点	参考点数
安全	3	依从	10	压力效应	197	安慰剂效应	1
解雇	2	意愿	4	帮助寻求	1	自主行为	95
学习	22	身份	28	药物使用	13	计划行为理论	13
倦怠	65	适应	5	社会性别	1	裁判员离职意向	1
决策	118	思想	3	社会性懈怠	1	认知的影响	6
榜样	1	隐瞒	1	领悟社会	1	竞争与合作	15
暴力	11	印象	6	刻板印象	7	不合理行为	12
悲哀	2	应对	107	身体意象	16	体育活动依赖	1
领导	42	应激	12	胜任特征	81	社会支持感	26
伦理	5	态度	136	跨文化	27	运动体验	94
迷信	1	睡眠	2	内隐理论	1	体育文化心理学	1
策略	11	同情	1	塑造性格	1	退出体育运动	12
目标	261	赞许	3	他人影响	31	团队心理学	1
努力	9	危险	1	逆转理论	1	符号交互理论	1

续表 5-4

树节点	参考点数	树节点	参考点数	树节点	参考点数	树节点	参考点数
承诺	31	威胁	2	饮食行为	3	习得性无助	3
诚实	1	正念	5	体育精神	14	运动队社会统一	1
疲劳	4	知识	23	饮食失调	8	运动员保密	1
刺激	1	智力	2	体育伦理	2	皮格马利翁现象	1
从众	3	习惯	1	承担风险	6	运动哲学	1
挫折	1	信念	41	成就视角	1	反社会-亲社会	13
担心	3	信心	67	同辈接纳	1	偏见与歧视	8
道德	49	幸运	1	纯粹主义	1	执教风格	1
地位	6	感觉寻求	3	突变理论	1	执教理念	1
定向	98	倾向性	10	团队规模	1	执教行为	2
动机	394	信仰	2	团队建设	6	职业生涯规划	10
妒忌	1	兴趣	22	预见能力	4	职业状态	2
偏好	35	驱动理论	1	团队自恋	1	工作-家庭冲突	1
期望	39	人格	8	团体动力	21	种族问题	6
氛围	2	人际关系	118	凝聚力	70	主场效应	47
气质	5	人生抱负	1	完美主义	24	主观认知	340
情感	90	忍痛	2	运动成瘾	2	社会交换理论	1
个性	18	认同	10	运动迷信	1	社会心理因素	41
情绪	76	积极主义	1	心理暗示	1	对运动参与的认知	24
攻击	56	认知特征	6	心理调节	1	变更主教练的影响	1
沟通	9	坚持性	36	消极心理	30	社会代理人	1
鼓励	1	社会冲突	1	心理健康	15	幸福	47

续表 5-4

树节点	参考点数	树节点	参考点数	树节点	参考点数	树节点	参考点数
关心	1	形象	3	心理韧性	21	认知性行为	5
自尊	38	社会惰化	4	心理特征	48	社会声望	1
归因	146	社会感染	1	心理危机	1	自我效能	150
自由	3	社会感知	130	心理选材	2	观众规模	2
需要	64	社会关系	1	心理因素	6	组织公民行为	1
激励	5	社会归属	1	心理影响	76	最佳功能区问题	6
激情	11	社会互动	1	自杀想法	1	自我决定	58
注意	41	社会化	34	集体效能	16	性感对女性坚持运动的影响	1
自我	76	价值观	5	自我呈现	16	社会心理与运动心理学的联合	1
记忆	2	社会接受	1	自我调控	31	体育领域中的不公平	1
焦虑	232	社会经验	5	自我概念	31	体育运动中的社会心理学	1
角色	47	社会排斥	1	自我监管	9	运动员退役对家长的影响	1
		社会认知	84			规则变化对运动员认知心理的影响	1

二、体育社会心理学著作的载文情况

提取 8 部体育社会心理学著作目录和各章小结中的关键内容。目录和小结中表述模糊的内容通过阅读原文予以确认,如 Russell(1993)第二章第三节"A Theory of Social Impact"就需要阅读原文了解具体情况。将这些信息导入 Nvivo 8 质性分析软件,根据关键词进行自由节点编码,总共获取 149 个自由节点(表 5-5),它们既是考察期刊论文的议题是否属于体育社会心理学研究的依据,也是体育社会心理学的"疑似"研究内容。

表5-5 8部体育社会心理学著作载文信息的自由节点编码情况

关键词	参考点数	关键词	参考点数	关键词	参考点数
领导	8	个人发展	1	通过体育宣泄	1
沟通	1	公平理论	1	锻炼和身体自我	1
动机	5	兴趣	1	对手牺牲的感知	1
团队归因	1	团队凝聚力	6	儿童体育运动选择	1
攻击	5	团队遵从	1	运动中的社会化	1
观众效应	5	训练意愿	1	团队目标设置	2
个性	4	观赛动机	1	个体成功需要	2
焦虑	4	观众体验	1	教练和行为科学家	1
竞争与合作	4	社会支持	1	团队和团队过程	1
社会促进	4	角色理论	1	团队与个体	1
团体动机	4	感觉寻求	1	观众与群体行为	1
成就需要	3	压力管理	1	干扰和运动团队	1
归因	3	应对策略	1	性别交互影响	1
动机氛围	1	胜利定向	1	需要层次理论	1
主场效应	3	借口	1	竞赛与小联盟运动	1
动作学习	1	团队合作	1	避免失败的动机	2
团队个性	1	竞争	1	压力和运动队	1
恐慌	1	压力寻求者	1	主观运动胜任特征	1
目标设置	2	领导效率	1	社会影响理论	1

续表 5-5

关键词	参考点数	关键词	参考点数	关键词	参考点数
驱动理论	2	药物	1	教练员作为领导	1
人际关系	2	年龄效应	1	社会胜任特征	1
社会认知	2	期望	1	教练员训练功效	1
团队动力	2	情感	1	运动参与和犯罪	1
团队精神	2	群体构造	1	自我设限策略	1
人格	1	群体规模	1	体育英雄的影响	1
因果归因	2	运动激情	1	体育文化心理	1
自我效能	1	人际沟通	1	认知评估理论	1
忠诚	1	运动角色	1	运动队结构和沟通	1
榜样功能	1	认知理论	1	成就动机理论	1
抱负	1	运动道德	1	运动对观众的影响	1
暴力	1	执教心理学	1	崇拜反应	1
职业转换	1	应激反应	1	社会化代理人的影响	1
态度	1	成年人干预	1	运动利益假设	1
场理论	1	运动队特征	1	理想模仿陈述	1
骚乱	1	运动动机	1	最佳水平理论	1
社会惰化	1	社会化过程	1	社会接纳	1
社会关系	1	运动队发展	1	运动消费者的社会化	1

续表 5-5

关键词	参考点数	关键词	参考点数
从社会心理学观点论运动学习	1	早期社会经历与后期运动参与	2
顶级运动员的冰山模型	1	运动心理学中的跨文化问题	1
教练-选手交互作用	3	比赛观众的归因决定因素	1
通过体育运动获得地位	1	比赛地点和社会传染	1
出生顺序、家庭组织和运动参与	2	体育教师专业态度	1
锻炼意图与锻炼行为	1	社会环境中选手的动机	1
领袖和教练人格特质	1	人种分布学心理研究	1
父母态度与孩子运动参与	1	从独自玩耍到合作活动与竞技运动	1
痛苦忍受中认知策略	1	运动中的关键社会过程和认知过程	1
教练和选手的人际知觉	1	观看体育比赛对敌意感觉的影响	1
个别动机和团体成功	1	成功运动员的心理特征和痛苦忍耐	1
观察者目标和团体抱负	1	运动参与和在非体育运动领域的成功	1
社会心理学中的强化理论	1	运动团队种类、组成和团队关系的改变	1
社会心理资料的获得	1	双亲态度、孩童的运动参与及运动能力	1
生理特质与社会环境	1	运动迷和选手间社会-情绪的交互作用	1
运动中的团体过程	1	早期对社会环境、权力和地位知觉的影响	1
以前的运动成为公司领导	1	如何建立国内运动团队社会心理咨询体系	1
状态焦虑反应的生理学	1	透过孩童时期和青春期的运动本事获得地位	1
运动团队和领导的空间关系	1	社会行为(博彩、不良行为、骚乱、群体行为等)	1

第三节 著作中讨论较多的体育社会心理学研究内容

如果一个议题在体育社会心理学和社会心理学著作中被多次讨论,这意味着研究者们对这个议题的研究倾向性产生了共识,我们有理由相信这样的议题就是体育社会心理学的研究内容。由于体育社会心理学与社会心理学的密切联系,社会心理学理论将是判断体育社会心理学研究内容的重要依据,因此对11部社会心理学著作的目录和小结内容进行质性分析(附录7),总共获取209个自由节点(表5-6)。

表5-6 11部社会心理学著作内容的编码情况

关键词	参考点数	关键词	参考点数	关键词	参考点数	关键词	参考点数
了解他人	1	情境感知	1	自我控制	2	攻击和反社会行为	7
文化差异	1	文化过程	1	自我证明	2	从众、顺从和听从	7
民主	1	吸引偏好	1	利他与帮助	2	文化对暴力行为的作用	1
目标	1	系统辩解	1	偏见和歧视	7	文化多样性的社会心理学	1
态度	7	从众偏好	1	应用社会心理学	1	从性格到印象	1
团队过程	5	人际关系	11	从印象到现实	1	电视的暴力教育作用	1
陈旧观念	4	漂亮观	1	虐待和忽视儿童	1	文化社会心理学	1
动机	4	调节关注	1	认知系统	1	认知积极主义与幸福	1
亲密关系	4	人际现象	1	从众与亲密	1	文化与自我建构	1
社会规则	4	相互关系	1	动机的归因	1	动机与认知整合	1
社会认知	4	相互依赖	1	群体和团体心理	1	动态社会心理学	1
社会影响	4	心理呈现	1	对人的感知	1	儿童与青少年的社会发展	1
社会知觉	4	小团体	1	非言语交流	1	非突发事件中的帮助	1
期望	1	心理距离	1	心理学与政策	1	父母与儿童的关系	1
利他	3	社会比较	1	文化与认知	1	个人主义与集体主义	1

续表 5-6

关键词	参考点数	关键词	参考点数	关键词	参考点数	关键词	参考点数
内隐	1	讽刺	1	文化间关系	1	心理呈现与记忆	1
情感	3	因果解释	1	少数派影响	1	流行、款式、时尚和狂热	1
态度改变	3	知识活动	1	革命心理学	1	攻击的认知联结	1
行为证据	1	社会呈现	1	个性与偏见	1	个性与社会行为	1
自我	3	个人知觉	1	个性与文化	1	团队决策与团队生产	2
自我调节	3	社会冲突	1	给他人的印象	1	陈旧观念与印象的形成	1
自尊	3	社会促进	1	控制与自主	1	社会公正与社会活动	2
公共观点	2	社会改变	1	理解社会行为	1	社会推理与社会记忆	1
性别	1	社会感知	1	团队间关系	3	印象形成:自觉性与社会知觉	1
归因	2	认知组织	1	信息生态学	1	态度策略和行为改变	1
宣传	1	社会活动	1	观众参与影响	1	团队,自我认同与团队内关系	1
健康行为	2	社会绩效	1	顾客行为与市场	1	团队内部关系与偏见	1
友谊	1	社会交互	1	孤独和社会焦虑	1	战争与和平的社会心理学	1
领导	2	共同实现	1	包含与剔除	1	家庭在攻击行为中的作用	1
情绪	2	社会控制	1	沟通与劝说	1	社会心理学的文化融合	1
信任	1	社会力量	1	决策与判断	1	社会心理学与社会政策	1
社会分层	2	社会污名	1	环境与个性	1	自己的行为与劝说	1
谣言	1	社会进步	1	需要与追随	1	建议、模仿和同情	1
社会判断	2	身体吸引	1	规范行为焦点	1	进化理论与人的社会行为	1
社会认同	2	观众影响	1	一般团体内认同	1	自我利益与超越	1
社会自我	2	归因偏好	1	劝说与态度改变	2	进化中的社会心理学	1
社会角色	1	种族主义	1	归因与人的感觉	1	爱和亲密关系	1
沟通	1	自动思考	1	社会知觉和归因	1	团队内偏见与团队外偏见	1

续表 5-6

关键词	参考点数	关键词	参考点数	关键词	参考点数	关键词	参考点数
需要	2	体验认知	1	社交传感器	1	控制和改变的社会影响过程	1
依附	2	自我差异	1	身份不确定	1	团队间行为与社会认同	1
自我呈现	2	家庭解体	1	计划性行为	1	团队紧张与社会冲突	1
自我概念	2	自我决定	1	行为自我调节	1	网络世界中的社会心理问题	1
自我监管	2	社会优势	1	谈判心理学	1	冲动在社会行为中的作用	1
自我警觉	2	减少攻击	1	竞争与合作	1	突发事件中的帮助	1
角色	1	团队动力	1	出版自由	1	从欺骗中发现真实	1
预测	1	自我强化	1	增加获助的机会	1	利他和亲社会行为	3
标准	1	自我设限	1	心理学与法律	2	感觉和现象体验	1
不顺从	1	自我实现	1	团队绩效与领导	1	吸引和亲密关系	4
决策	1	精神面貌	1	团队间过程	1	语言和社会行为	1
承诺	1	自我形象	1	自我知识	1	语言与社会刺激	1
外表	1	遵从领导	1	组织行为	1	印象形成与归因	1
价值	1	最优特质	1	行为的经济性	1	印象形成与自信	1
						从社会知觉到以知识为基础归因	1

由于上述文献中存在的议题没有被明确界定为是不是体育社会心理学议题,因此前述检索的信息只是"疑似"的体育社会心理学研究内容,需要做进一步的检验。将期刊论文(表5-3,表5-4)、体育社会心理学(表5-5)和社会心理学(表5-6)著作的议题放在一起核对,发现至少有3部著作论述了凝聚力、主场效应、人际关系、态度、动机等30个议题,因此,可以认为它们属于体育社会心理学的研究内容(表5-7)。

表5-7 被多部体育社会心理学和社会心理学著作讨论的议题

议题	体育社会心理学著作论及次数	社会心理学著作论及次数
凝聚力	6(另有2部著作讨论了团队动力)	1部著作讨论了团体动力,2部著作讨论了团体内关系
主场效应	3	—
目标(包括目标设置和目标自我一致)	4	1
竞争与合作	6	1
焦虑	5	1部著作讨论了社会焦虑
人际关系	2(另有3部著作讨论了教练-选手交互作用)	11
态度	4	11
攻击与暴力	6	11
偏见与歧视	—	10
从众(包括崇拜)	—	9
归因(包括压力源)	7	8
反社会	8部著作讨论了越轨行为和不良行为	7
不良行为研究(包括黑哨、滥用药物、流氓话语、骚乱)	1	3
刻板印象	—	7
印象	—	7
动机(包括意图、抱负、控制点、场理论、逆转理论)	6(另有4部著作讨论了团体动机,2部著作讨论了避免失败动机)	6
领导	12	4
亲社会	—	3
需要	6	3

续表 5-7

议题	体育社会心理学著作论及次数	社会心理学著作论及次数
体育文化心理	1	9
自我调控	—	6
认同	—	5
观念	—	5
个性	5	4
社会认知（包括领悟社会）	4	4
他人影响（包括心理较量）	4	2
驱动理论	4	1
情感	1	3
精神（包括体育精神和团队精神）	2	2
感知觉	3	2

第四节　社会心理学著作中讨论较多的议题

　　大部分期刊论文和体育社会心理学著作中的议题在初查中没有获得足够的理论依据，为了验证这些议题是否属于体育社会心理学的范畴，研究者将10部电子版英文社会心理学原著（表1-1）置于一个文件中，利用PDF自带的搜索功能检索每一个在初查中没有获得充分理论依据的议题（议题翻译成英文后，首先通过Google Scholar进行核实，如果不能确定，在储存英文论文标题的EXCEL文档中进行确认，然后才能用于检索）。

　　自动查询结束，点开来自每部书中的查询结果，排除参考文献和注释方面的信息，确认余下信息量，结果显示：自信、期望、适应、社会惰化等70个议题（表5-8～表5-10），在10部著作中被大量论述（46个），或被80%及以上的著作者论及（17个），或在多部著作（包括体育社会心理学著作和乐国安的

《社会心理学》著作中予以专节讨论(7个),因此,这70个从社会心理学著作中获得可靠证据的议题可以被确认为体育社会心理学的研究内容(附录8)。

表5-8 在10部社会心理学著作中大量讨论的议题

议题	论及次数	议题	论及次数	议题	论及次数	议题	论及次数
自信	342	偏好	299	感知对手	1688	小联盟运动	148
自我强化	200	期望	233	公平	426	心理健康(心理卫生)	297
自我决定	105	信念	827	价值观	1335	自我觉察能力	203
自我效能	146	依恋	1673	满意度	1106	自我报告	132
自恋	135	意向	202	社会支持感	326	乐趣	319
自尊	2963	同情	116	胜任特征	350	决策	690
自我概念	221	信任	560	幸福	624	计划行为理论	131
自我呈现	330	意识	1688	强化	634	身份	3852
选择	690	应激	1233	社会化	684	兴趣	1089
角色	3237	激情	207	社会惰化	234	运动参与和犯罪	475
人格	8374	沟通	1275	悲哀	196	体育道德	187
自由	188						

表5-9 大部分著作中论及的议题

议题	论及次数	议题	论及次数	议题	论及次数
自卑	37	自我关注	51	团队心理学	39
威信	68	工作积极性	37	个人风格和领导风格(执教风格)	52
诚实	91	自我欺骗	40	疲劳(心理疲劳)	50
承诺	95	自我监管	77	父母教养方式	26
忠诚	94	社会地位	99	英雄效应(榜样)	22
适应	68	理想模仿	81		

表 5-10 被专节或专段论述的议题

议 题	论及次数	著作文献
自我实现	20	Russell(1993);Myers(2010);Hagger 和 Chatzisarantis(2005);Lange 等(2012);DeLamater 和 Ward(2013);Fletcher 和 Clark(2003)
自我设限	36	Myers(2010);乐国安(2008);Russell(1993);Kassin 等(2011);Hogg 和 Cooper(2007);Bordens 和 Horowitz(2008);Fletcher 和 Clark(2003)
自我接纳	8	Kruglanski 和 Stroebe(2012);Fletcher 和 Clark(2003);DeLamater 和 Ward(2013);Myers(2010)
自我监控	4	Bordens 和 Horowitz(2008);DeLamater 和 Ward(2013);Kassin 等(2011);Myers(2010);乐国安(2008)
学业自我	16	DeLamater 和 Ward(2013);Lange 等(2012);Myers(2010)
生活体验 (Flow,观赛体验)	10	Kruglanski 和 Stroebe(2012);Fletcher 和 Clark(2003);DeLamater 和 Ward(2013);Hogg 和 Cooper(2007);Kassin 等(2011);Myers(2010)
退 学 (退出体育运动)	16	Kruglanski 和 Stroebe(2012);DeLamater 和 Ward(2013);Hogg 和 Cooper(2007);Lange 等(2012);Baron 和 Branscombe(2012);Kassin 等(2011);Hogg 和 Vaughan(2011);Myers(2010)

根据多数原则,上述议题得到了较多研究者的认可,应该是体育社会心理学的研究内容。与此同时,也发现非智力因素等59个议题没有被社会心理学著作提及,而且本研究收集的期刊论文予以关注的次数低于20次,鉴于这些议题目前在体育领域中被关注的程度较低,而且没有相关理论为它们提供判别依据,因此暂时从体育社会心理学研究内容的范畴中排除。

第五节 运动心理学研究者认可的体育社会心理学研究内容

通过前述的理论核查,部分议题是否属于体育社会心理学研究,依然悬而未决,包括:①形象、运动体验、体育运动的哲学和体育知识 4 个议题在 1~2 部社会心理学著作中有类似内容。例如 DeLamater 和 Ward(2013)讨论过社会哲学、Kruglanski 和 Stroebe(2012)讨论过体育知识。②正念等 15 个议题从概念上看,与某些社会心理学理论似乎存在联系。例如,职业生涯规划类似于计划行为,自我创造可能是社会化的一种表现。③应对理论、运动坚持性等 13 个议题虽然在社会心理学著作中没有讨论,但在期刊论文中出现的次数较多,或者在体育社会心理学的著作中有过讨论。④努力、文化氛围等 67 个议题虽然在社会心理学著作中有过讨论,但整体关注力度较小,能够检索到的相关信息不超过 40 条。⑤安全、挫折、气质和赞美 4 个议题虽然在社会心理学著作中查找到 90 条以上的相关信息,但在期刊论文中被关注的力度较小,除了有关气质的论文达到 25 篇,其余 3 个议题仅被讨论过 3~4 次。

为了判断这些议题是否属于体育社会心理学的研究内容,将它们编制成"体育社会心理学研究议题评审表"(中文/英文)(附录 1、附录 2),邀请中外运动心理学研究者根据个人学术经验进行判断。为了保证经验证据的科学性,本研究采用多数原则,即某个议题被中外研究者认可的比率均超过 60%,就可以视为体育社会心理学的研究内容。另外,考虑跨文化影响,若某个议题被中国或外国研究者认可的比率超过 80%,也被看作是体育社会心理学研究内容。

结果显示:超过 60% 的中外运动心理学研究者认为鼓励、激励等 29 个议题是体育社会心理学研究内容,社会经验、社会统一等 9 个议题虽然没有同时得到大部分中外运动心理学研究者的认可,但被中国或外国研究者认可的比率超过 80%。此外,饮食行为等 6 个议题被大部分中外运动心理学研究者否认,挫折、安全等 58 个议题的认可度较低(单方低于 80% 或双方低于 60%)。因此,基于国际运动心理学研究者的建议,可以确认 38 个议题是体育社会心理学的研究内容(表 5-11)。

表 5-11 中外运动心理学研究者认可的体育社会心理学研究内容

(单位:%)

议 题	中国	外国	总计	议 题	中国	外国	总计
鼓 励	89.47	78.57	86.54	性别交互影响	68.42	71.43	69.23
激 励	89.47	71.43	84.62	组织公民行为	71.05	64.29	69.23
心理因素	84.21	92.86	86.54	跨文化比较研究	65.79	78.57	69.23
团队建设	84.21	85.71	84.62	身体意象(body image)	65.79	71.43	67.31
性格塑造	84.21	92.86	86.54	运动风险承担	71.05	71.43	71.15
群体结构	63.16	85.71	69.23	体育社会心理学综述	73.68	85.71	76.92
心理选材	63.16	64.29	63.46	工作-家庭关系	76.32	92.86	80.77
文化氛围	78.95	85.71	80.77	体育文化	63.16	78.57	67.31
惰 性	78.95	64.29	75.00	工作-生活关系	81.58	85.71	82.69
努 力	78.95	64.29	75.00	定向(orientation)	76.32	64.29	73.08
认知方式	76.32	85.71	78.85	社会经验	57.89	85.71	65.38
成就定向	65.79	92.86	73.08	种族问题	52.63	85.71	61.54
观众规模	76.32	64.29	73.08	社会声望	47.37	92.86	59.62
身体意识	63.16	71.43	65.38	社会统一	44.74	100.00	59.62
运动员形象	76.32	85.71	78.85	社会传染	31.58	92.86	48.08
感觉寻求	73.68	71.43	73.08	运动习惯	86.84	42.86	75.00
赞 美	63.16	71.43	65.38	教练员/体育工作人员变更工作	81.58	50.00	73.08
倦 怠	71.05	71.43	71.15	积极主义	81.58	57.14	75.00
社会关系	68.42	92.86	75.00	运动坚持性	81.58	57.14	75.00

本章小结

通过理论核查和经验证据,在已有的体育社会心理学研究内容的期刊论文和著作中共检索138个议题,确认它们为体育社会心理学的研究内容。因此,可以推论围绕这138个议题——专题[如 Carron(1981)就运动对团体凝聚力的研究]和内部交叉[如 Gunnell 等(2014)基于自我决定理论对目标内容、动机、心理需要满意度、幸福感与体育活动关系的研究],产生的研究内容就构成了体育社会心理学研究的主要内容,至于它们与其他议题交叉形成的研究内容[如 Purge 等(2006)对优秀男子赛艇运动员在长期训练中荷尔蒙和心理适应情况的研究],具体问题需要具体分析,但其中关于体育社会心理学的部分依然可以被认可。

虽然这138个议题不能概全体育社会心理学的研究内容,但应该表现了体育社会心理学研究的基本范畴。个别议题若存在于本研究考证的文献范围之外,则属于非主流的小众话题,是否应该被视作体育社会心理学研究,尚需考证。另外,除了目前被确认的138个议题,其他研究内容并非彻底排除在体育社会心理学的研究范畴以外,毕竟体育社会心理学是一个发展中的学科,而本研究的目的仅在于帮助相关研究者对体育社会心理学的认知具体化,因此,不可能圈定体育社会心理学的所有研究内容。

基于本研究过程的严谨性,笔者认为体育社会心理学研究内容在现有138个议题的基础上进行扩充的空间比较小,个别议题的取舍依然要遵循理论和经验依据的提示,不能因为片面、主观认知纠结于个别或少数议题的存在与否。

本研究只是奠定客观认知体育社会心理学研究内容的基础,并使体育社会心理学进一步具体化。随着体育社会心理学的发展,目前没有被纳入的议题只要在将来得到充分依据,就能纳入到体育社会心理学中。例如,近年来运动心理学领域出现的一些新议题(如完美主义、人种分布学心理研究),可能源于理论积淀和研究者注意力的滞后性,目前从理论和经验上均没有得到支持,这并不意味着本研究否认它们是体育社会心理学研究,只是暂时不予考虑,基于后续研究成果,这些议题完全有可能增补进来。

第六章　体育社会心理学研究内容分类

关注过体育社会心理学的研究者,能够理解体育社会心理学所包含的主要知识,但是这些知识之间的关系却存在认知差异。例如,我们对中外8部体育社会心理学著作的行文结构进行分析,发现总共采用了4种内容分类方式:①Carron(1980)根据研究问题发生的主体,分为运动员、教练员、团队和观众4个部分;②Iso-Ahola和Hatfield(1986)根据体育运动中人的角色,分为体育活动参与者的社会心理学、争取运动成绩者的社会心理学和体育比赛观众的社会心理学3个部分;③Hagger和Chatzisarantis(2005)按照体育运动情境,分为锻炼和竞技体育2个部分;④Cratty(1981)、黄金柱(1985)、Russell(1993)、Jowett和Lavallee(2007)和王进(2013)按照各自认可的主要研究内容予以分章论述。不难发现,研究者们对体育社会心理学知识的内部联系存在明显的认知差异(表6-1)。

表6-1　8部体育社会心理学著作的内容分类情况

分类方法	著作文献	内容分类
问题发生的主体	Carron(1980)	1.运动员;2.教练员;3.团队;4.观众
人的角色	Iso-Ahola和Hatfield(1986)	1.体育活动参与者的社会心理学;2.争取运动成绩者的社会心理学;3.体育比赛观众的社会心理学
体育运动情境	Hagger和Chatzisarantis(2005)	1.锻炼;2.竞技体育
主要研究内容	Cratty(1981)	1.理论和模型;2.早期社会经验与后期运动参与;3.竞争与合作;4.团队凝聚力;5.运动员动机;6.团队动机与愿望;7.运动中的攻击;8.观众效应;9.运动学习理论;10.领导;11.压力与运动队

续表 6-1

分类方法	著作文献	内容分类
主要研究内容	黄金柱(1985)	1.早期社会经验与以后运动参与；2.竞争与合作；3.团队凝聚；4.社会环境中选手动机；5.团队动机和抱负；6.运动团队的人际沟通；7.社会化过程；8.态度；9.运动选手和人格；10.运动攻击；11.社会促进和观众影响；12.从社会心理学观点论运动学习；13.领导效率和教练-选手交互关系；14.领导理论和教练领导行为；15.干扰和运动团队；16.运动团队种类、组成和团队关系的改变
	Russell(1993)	1.动机；2.绩效与社会影响；3.社会理论与绩效；4.团体动力；5.领导；6.体育英雄；7.个性；8.运动攻击；9.宣泄；10.观众与群体行为
	Jowett 和 Lavallee(2007)	1.体育运动中的人际关系；2.教练员领导和团体动力；3.动机氛围；4.体育运动中的关键社会和认知过程；5.广义运动情境中的运动员
	王进(2013)	1.体育社会心理学的相关理论；2.体育活动的参与程度和兴趣；3.体育中的社会认知；4.体育活动中的人际关系；5.体育活动的社会行为；6.体育社会心理学关注的问题

知识分划的差异在社会心理学界表现得很明显，尽管书名同为《社会心理学》，但内容、结构和体系差别极大(韩向明和韩燚,2011)。我们对10种社会心理学著作的载文体系进行分析,发现共采用了三种分类方式:①Gilbert等(2010)、Kruglanski 和 Higgins(2007)、Hogg 和 Cooper(2007)按照社会心理学问题发生的层面,分为个体、人际、群体、团体和团队间5个主要部分进行论述；②Kassin 等(2011)和 Myers(2010)按照社会概念、社会思想、社会影响、社会关系和应用社会心理学等理论体系进行论述；③Bordens 和 Horowitz(2008)、Fletcher 和 Clark(2003)、乐国安(2008)、Hogg 和 Vaughan(2011)、Baron 和 Branscombe(2012)等虽然也采用了社会认知、社会影响、社会观念等理论体系,但大部分内容以议题为核心展开论述(表6-2)。

表6-2　10种社会心理学著作的内容分类情况

分类方法	著作文献	内容分类
问题发生的层面	Gilbert等(2010)	1.人际现象;2.个人现象;3.集体现象;4.多维视角
	Kruglanski和Higgins(2007)	1.认知系统;2.个人动机系统;3.人际系统;4.团体和文化系统;5.应用社会心理学
	Hogg和Cooper(2007)	1.个体过程;2.人际过程;3.团队过程;4.团队间过程与社会;5.社会文化心理学
理论体系	Kassin等(2011)	1.社会概念;2.社会影响;3.社会关系;4.应用社会心理学
	Myers(2010)	1.社会思想;2.社会影响;3.社会关系;4.应用社会心理学
主要研究内容	Bordens和Horowitz(2008)	1.理解社会行为;2.社会自我;3.社会知觉;4.归因过程;5.团队过程;6.亲密关系;7.人与人之间的攻击;8.利他主义
	Fletcher和Clark(2003)	1.认知/归因;2.社会动机;3.情感/情绪;4.社会影响和比较;5.自我和身份
	乐国安(2008)	1.社会化;2.社会角色;3.自我意识;4.社会认知;5.社会态度;6.人际关系;7.人际沟通;8.侵犯和利他;9.社会影响;10.群体心理;11.应用社会心理学
	Hogg和Vaughan(2011)	1.社会认知和社会思想;2.归因和社会解释;3.自我和身份;4.态度;5.劝说和态度改变;6.社会影响;7.团队中的人;8.领导和决策;9.偏见和歧视;10.团队间行为;11.攻击;12.亲社会行为;13.吸引和亲密关系;14.语言和沟通;15.文化
	Baron和Branscombe(2012)	1.社会认知;2.社会观念;3.自我;4.态度;5.刻板印象、偏见和歧视;6.人际吸引、亲密关系和爱;7.社会影响;8.亲社会行为;9.暴力;10.团体和个体;11.社会心理学用来面对逆境和获得幸福生活

由此可见,大部分体育社会心理学和社会心理学著作者根据"主要内容"安排行文结构,这种分类方式实际上是没有分类,因为内容之间的联系无法表现出来。目前没有查阅到国际运动心理学界有关体育社会心理学研究内容分类的报道,但社会心理学研究者探讨过社会心理学研究内容的分类。例如,Deutsch和Krauss(1965)归纳的社会心理学理论包括场理论、强化理论、精神分析理论和角色理论;Trope(2004)讨论了双向归因过程、解释水平理

论、自我调节、预见心理学和心理距离;Chadee(2011)讨论了社会认知、社会比较、社会强化和自我;乐国安和汪新建(2011)讨论了社会互动(符号互动论、角色理论、戏剧理论、参照群体理论和常人方法论)、社会交换论、精神分析的社会文化学派、社会学习理论(观察学习、自我调节和自我效能)、社会认知论(场论和归因理论)和人类学中文化与人格理论;Lange 等(2012)提出的理论体系更加复杂,分5章介绍了51种理论(表6-3)。

表6-3 Lange 等(2012)的分类模式

分 类	理 论	分 类	理 论
生物/进化水平的分析	进化理论和人类社会行为 照顾和交友理论 评估空间模型	动机/情感水平的分析	认知失调理论 恐惧管理理论 自我决定理论 计划行为理论 社会比较理论 焦点调节理论 行为性自我调节模型 行为阶段的心理设置理论 自我控制理论 自我验证理论 内隐理论 不确定身份理论 最优特质理论 攻击的认知链接理论
人际水平的分析	归属需要理论 社会计量器理论 依恋理论 分享现实模型 亲密关系中的公平理论 承诺过程的投资模型 相互(交换)关系理论 相互依存理论		
认知水平的分析	可及理论 刺激反馈理论 解释水平理论 动机的归因理论 社会信息过程理论 平衡推理理论 依据知识论 推敲可能性模型 启发式系统处理模型 连续模型和刻板印象内容模型 感受-信息模型 线性分层模型 行动身份理论 社会认知理论	群体和文化水平的分析	合作、竞争和超越理论 规范焦点理论 制度正当化理论 正义理论 少数派影响理论 社会身份理论 社会分层理论 社会支配性理论 普通群体内身份模型 社会角色理论 社会呈现理论 个体主义和集体主义理论

除了探讨社会心理学研究内容的分类,韩向明和韩焱(2011)还构建了社会心理学研究内容之间的宏观关系模型(图6-1)。

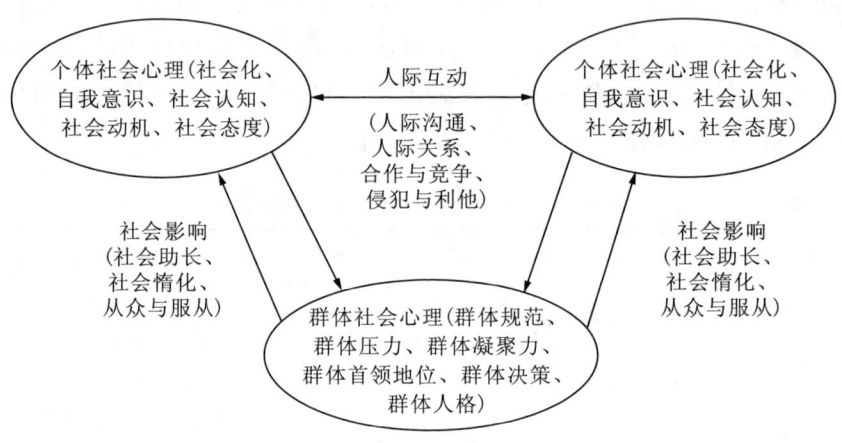

图6-1 社会心理学知识的内在联系
(韩向明和韩焱,2011)

现有体育社会心理学和社会心理学的分类模式,为我们重新考虑体育社会心理学研究内容分类提供了有益参考,但首先需要认识到社会心理学,特别是近期社会心理学家对社会心理学研究内容的分类。例如,Lange等(2012)考虑了很多并未被国际运动心理学界所认知的新理论,Cialdini(1990)提出的规范焦点理论(The Focus Theory of Normative Conduct)的社会价值在近期才得到关注(韦庆旺和孙健敏,2013),而Kruglanski(1990)提出的依据认识论(Lay Epistemic Theory)至今缺乏其他研究者的有力支持。因此,目前我们对体育社会心理学的研究内容进行分类,应该采用比较成熟的范式,才能保证分类的科学性,如社会化、社会认知、合作与竞争等得到广泛认可的分类思想。

另外,社会心理学的研究内容,除了聚合成各种理论外,还存在根据研究倾向性进行分类的方式,主要分为心理学的社会心理学和社会学的社会心理学,而且近期文化人类学的社会心理学业已成长为社会心理学的第三分支。

综上所述,根据体育社会心理学研究内容的具体议题、理论归属和研究倾向性,可以逐步构建体育社会心理学的内容结构,从而更好地向研究者们展现体育社会心理学研究的内涵。由于前期我们在考证体育社会心理学研究内容时,就已经根据关键词完成了主题分类,获得"动机""归因""领导""人际关系"等族群(表6-4),所以接下来需要进行的是理论归属和研究取向分类。另外,由于鼓励、诚实、榜样等议题存在较强的独立性,不能进行主题分类,所以单列出来,将与主题一起进行理论分类。

表6-4 体育社会心理学研究内容的主题分类

道德	动机	身份	依从	社会化	坚持性	身体意象	偏见与歧视
合作	目的	适应	归因	凝聚力	满意度	可能自我	运动员精神
竞争	观念	压力	情感	感知觉	体育精神	身体自我	社会支持感
自尊	从众	应激	态度	意愿	越轨行为	自我认知	退出体育运动
依赖	激励	赞许	领导	决策	自我决定	自我效能	社会心理因素
友谊	目标	信心	焦虑	偏好	观众效应	心理健康	计划行为理论
地位	努力	幸福	紧张	认同	家长影响	自我报告	承担风险
个性	期望	自恋	倦怠	形象	主场效应	自我呈现	社会经验
人格	信念	意识	恐惧	种族	社会认知	团体动力	亲社会行为
承诺	兴趣	定向	疲劳	需要	自我设限	心理选材	反社会行为
沟通	意图	印象	意向	价值观	同辈影响	运动体验	自我监管
				自我接纳	自我发展	人际关系	自我调控

第一节 依据理论对体育社会心理学研究内容进行分类

国际社会心理学研究者已将社会心理学的研究内容上升为多种理论,而且这些理论存在着名称和范畴上的显著差异。从目前呈现的体育社会心理学研究内容来看,其所涉及的范畴远不及社会心理学,所以按照某种社会心理学理论体系分类体育社会心理学的研究内容，可能造成分类结果无法得到较广泛的认可和理论范畴远大于具体内容的问题。基于这种考虑，本研究参照体育社会心理学和社会心理学著作中比较成熟的理论概念进行分类。依然考虑到研究者们的认知差异，所以坚持多数原则和母学科原则，对于个性化的观点持保留意见，最终将体育社会心理学的研究内容归纳为12个主要类别（由于跨文化比较研究和种族问题所包括的议题较少，所以表6-5中只列出10个类别的信息）。

表6-5 根据相关理论进行的研究内容分类

理论	主题	参考依据
团体心理学	领导、凝聚力、驱动理论、群体动力理论、团队互动过程、团队建设、团队交互作用、团队心理学、团体动力	Baron和Branscombe(2011)；Hogg和Vaughan(2011)；Kruglanski和Higgins(2007)；Bordens和Horowiz(2008)；Jowett和Lavallee(2007)；Russell(1993)；Carron(1980)；乐国安(2008)
社会促进效应	观众效应、拉拉队效应、社会促进、主场效应	Russell(1993)；Carron(1980)；Cratty(1981)；Hogg和Vaughan(2011)；Baron和Branscombe(2012)
动机	定向、动机相关问题、感觉寻求、观念、计划行为理论、价值观、目标、逆转理论、努力、期望、信念、兴趣、需要、意向、意愿、自由	Cratty(1981)；Russell(1993)；黄金柱(1985)；Fletcher和Clark(2003)；Graham和Markus(2010)；王进(2013)
人际关系	父母-教练员-运动员关系、互动、教练员-运动员关系、领导-下属交换、球迷关系、人际关系相关问题、师生关系、体育活动中的社会关系、同辈关系、同情、信任、依赖、友谊、与对手的关系、与父母的关系、运动心理咨询关系、运动员的心理较量、运动员-媒体关系	乐国安(2008)；Kruglanski和Higgins(2007)；王进(2013)；Jowett和Lavallee(2007)；黄金柱(1985)

续表 6-5

理论	主 题	参考依据
社会化	承担风险、承诺、父母教养方式、沟通、认同、社会代理人、社会惰化、社会感染、社会关系、社会化、社会经验、社会性懈怠、适应、塑造性格、心理适应、压力、应激、赞许、运动队社会统一、组织公民行为、性感对女性坚持运动的影响	乐国安（2008）；黄金柱（1985）；Iso-Ahola 和 Hatfield(1986)；Myers(2010)；Kassin 等（2010）；Hogg 和 Vaughan (2011)
心理状态	焦虑、紧张、倦怠、恐惧、疲劳、运动体验	Iso-Ahola 和 Hatfield (1986)；Bordens 和 Horowitz（2008）；Hogg 和 Cooper (2007)；Myers(2010)
应用体育社会心理学	社会心理学理论在健身中的应用、社会心理学理论在运动心理咨询中的应用、社会心理学视角、社会心理学与体育运动、心理选材	王进（2013）；Hagger 和 Chatzisarantis（2005）；Kruglanski 和 Higgins（2007）；Myers（2010）；Kassin 等（2010）；Baron 和 Branscombe(2012)
社会认知	对他人的认知、认知人际关系、社会认知理论、自省	Bordens 和 Horowitz(2008)；Kruglanski 和 Higgins（2007）；乐国安（2008）；Kassin等（2010）；Baron 和 Branscombe (2012)
社会影响	榜样、从众、反社会-亲社会行为、工作-家庭关系、鼓励、观众规模、激励、家长影响、教练影响、决策、配偶参与对锻炼坚持性的影响、偏好、社会心理因素、同辈影响、退出体育运动	Russell（1993）；Fletcher 和 Clark (2003)；乐国安（2008）；Myers(2010)；Hogg 和 Vaughan（2011）；Gilbert 等（2010）
社会情境中的自我	依从、自恋、自我报告、自我呈现、自我调控、自我发展、自我关注、自我怀疑、自我监管、自我建模、自我接纳、自我决定、自我欺骗、自我认同、自我设限、自我损害	Bordens 和 Horowitz（2008）；Myers（2010）；Kassin 等（2010）；Hogg 和 Vaughan(2011)；Baron 和 Branscombe (2012)

这个分类虽然与社会心理学分类存在差异，但反映了体育社会心理学研究的具体情况。

（1）团体心理学。团体层面的心理现象是社会心理学的主要研究对象之一，而在体育活动中团体（group 和 team）是体育运动开展的主体。体育社会心理学考察社会背景下人的心理和行为问题，这就区别于个体心理特征，所以团体心理学是体育社会心理学存在的基石，如果将运动参与者从团体层面剥离出来，体育领域中的社会心理现象也将随之消失，而有关个体心理特征的研究也不属于社会心理学范畴。

（2）社会促进效应。Allport（1924）提出的社会促进效应理论确立了心理学的社会心理学在社会心理学中的地位，主要考察他人在场对操作者绩效的影响。在体育领域主要研究各种类型的观众对个体或团队运动表现的影响。

（3）动机。对动机的探析是为了阐释人们为什么参加体育活动，体育社会心理学领域主要考察他人导致的动机因素，进一步分析就会发现兴趣、信念、需要等是动机的重要组成要素，因此围绕动机问题衍生出若干子课题。

（4）人际关系。社会关系主要表现为人与人之间的联系，这些联系既发生在不同的主体之间（如教练员与运动员、队友、对手等），也表现为不同的形式（如信任、同情、友谊等）。社会心理学的核心议题就是分析人对人的影响，这种关系是影响个体行为和心理变化的重要因素。

（5）社会化。人从自然人转化成社会人的过程需要通过相应的程序使自己的心理和行为适应社会准则。体育运动提供多种支持促进人的社会化，例如社会化需要学习基本的沟通能力（Messersmith,2008），而体育活动能够提供不同的沟通途径（Gaston 和 Hu,2009）。体育比赛的规范性、公平性、竞争性、公开性、合作性等特征也会在潜移默化中引导人们履行承诺、遵守组织公民行为、愿意赞许他人。

（6）心理状态。"Feelings"是社会心理学的关注焦点之一，体育活动的实时刺激将使参与者产生多样化的心理反应，因此形成相应的心理状态，例如运动心理学界长期关注的赛前焦虑，以及目前比较受关注的 Flow State。

（7）应用体育社会心理学。20 世纪 60 年代,实验社会心理学面对一系列的社会问题束手无策的时候,社会心理学面临着生存危机（沈杰,1996），后现代社会心理学的产生就是为了重塑社会心理学的社会性（马怡和翟学伟,

2003),使其成为一门能够服务于社会的学科。体育社会心理学在体育领域中的应用范围还局限于体育运动本身,目前没有像社会心理学那样应用于经济、社会、法律、犯罪等社会问题。

(8)社会认知。社会认知和认知社会是不同的概念(乐国安,2008),后者具体表现为对社会事物的逻辑思维结果,社会心理学所谈论的社会认知是以人为对象的,考察人们对他人、自己和人际关系的判断。在体育领域中,运动参与者的社会认知是指他们如何看待对手、教练员、观众、裁判员等,而不是他们对场地、器材、服装的认知。

(9)社会影响。社会心理学的概念已经强调了这是一门考察他人影响的学科,因此社会中不同的人(如教练、同辈、观众、家长、配偶等)会对运动参与者产生不同的影响(如激励、鼓励、榜样等),继而产生不同的社会行为(如社会决策、亲社会-反社会行为、从众、依从等)。

(10)社会情境中的自我。个体在相应的社会情境中,除了通过自省形成自我认知,还会产生各种社会行为。在体育领域被关注的社会情境中的自我包括自我呈现、自我设限、自我决定等议题。

(11)运动心理学中的跨文化比较研究。文化是社会行为的最根本的决定因素,无论是社会群体中的相互作用,还是个体对于一定社会事务的反应,都是受制于某种特定的文化(马广海,1999),它生成某一民族的生存方式并通过文化熏陶代代相传,成为一特定民族个体间基本一致的人格建构(周晓虹,1997),因此,基于某个民族的社会心理学研究成果不能推广到全世界。运动心理学中有关跨文化比较的研究成果,体现了文化的社会心理功能,目前已经初步形成"体育文化心理学"这个新领域(姒刚彦等,2006),考察心理变量与社会文化的关系。

(12)种族问题。20世纪60年代,欧洲社会心理学的兴起不仅为社会学的社会心理学提供了重生契机,也让研究者们重新意识到文化和民族差异性的存在(王小章和周晓虹,1994)。运动参与者的行为和心理差异与种族的关系,是目前相关研究讨论的重点。

第二节 根据研究倾向性对体育社会心理学研究内容进行分类

社会心理学几乎同时产生于社会学和心理学两种倾向之间,但后来美国社会心理学倡导的心理学的社会心理学占据了主导地位。直到20世纪60年代末至70年代初,欧洲社会心理学复兴,社会学倾向的社会心理学逐渐与心理学倾向的社会心理学形成平分之势。后来,欧洲研究者为了对抗美国思潮的全球泛化,着力研究了跨文化情境中的体育社会心理学问题,结果发现在某一文化背景下获得的理论并不一定适合另一文化环境。与此同时,由冯特(1832—1921)奠定的民族心理学经过几十年的发展,也得到了社会心理学界的认可,因为某个民族的文化、习俗、精神等潜移默化地塑造这个民族的人的心理和行为。尽管文化人类学的社会心理学并不像心理学的社会心理学和社会学的社会心理学那样举足轻重,但它所表现出来的独特性、重要性和生长性,依然值得视作社会心理学的第三势力。

一、心理学倾向的体育社会心理学

19世纪末,日益成熟的心理学和社会学逐渐形成了交集(沈杰,1996),并最终产生了社会心理学。实际上社会心理学从一开始就有两种倾向——McDougall(1908)的《社会心理学》倾向于心理学,而Ross(1908)的《社会心理学》倾向于社会学(马怡和翟学伟,2003),但是由于第二次世界大战的爆发,打断了欧洲社会心理学进程,随后兴起的实证主义和实用主义将实验社会心理学树立为社会心理学的标杆,在Floyd Allport等的推动下,20世纪上半叶"美国式社会心理学"主导的心理学的社会心理学成为社会心理学的代名词。

心理学的社会心理学关注个体心理过程(如知觉、认知、动机、学习、态度等)受社会刺激和环境的影响(House,1977),可以定义为关注个体行为、认知和情感过程,其核心内容是理解社会刺激对他人心理过程的影响(Stryker,1989),主要研究领域包括精神分析理论、社会学习理论、群体动力理论、社会认知理论(周晓虹,1997),因此,着眼于个体层面的体育社会心理学的研究内容可以归为心理学倾向的体育社会心理学,研究内容包括动机、归因、情感、态度、社会认知、体育精神、团体心理学、心理健康、心理状态。

二、社会学倾向的体育社会心理学

20世纪60年代,美国社会面对黑人运动、妇女运动、反越战运动和以"全球大造反"为标志的青年运动束手无策时,开始反思美国式社会心理学的弊端,发现心理学的社会心理学明显失去了社会性(王小章和周晓虹,1994),因为它过于注重个体及个体内在心理过程的研究,却忽略了从人际关系乃至整个社会的层面来研究人的行为(杨中芳,1991)。此时,欧洲社会心理学的复兴,推动了社会学倾向的社会心理学的发展,它研究人际交互、社会对心理过程的影响以及团体内和团体间人际关系效应(Rohall等,2013),突出特点表现在以群体变量为研究基点,以社会互动和社会关系为主要研究内容(沈杰,1996)。基于这种特性,社会学的社会心理学在社会学家的眼里是微观社会学(Microsociology),主要包括三大观点(Rohall等,2013)(表6-6)。

表6-6 社会学的社会心理学主要观点(Rohall等,2013)

观点	对社会中个体角色的看法	关注的领域
符号交互理论	个体是社会构建中的积极参与者	意义构建过程
社会结构和个性	互动特征是以人们对所处角色的坚持为基础	强调较大社会结构如何影响个体的过程
群体过程	当个体组成群体,基本的过程就会出现	群体背景下的过程通过在交互中诞生

周晓虹(1991)的观点有所不同,他认为社会学倾向的社会心理学强调通过社会地位、社会角色、社会化等"塑造群体"的因素来研究人们的社会互动,进而达到对人类行为本质的理解,研究内容主要包括社会交换理论、符号互动理论、社会角色理论、参照群体理论。

综合而言,社会学倾向的社会心理学主要研究群体心理问题。因此,在体育社会心理学研究中以群体为对象的研究内容,就可以划归为社会学倾向的体育社会心理学研究,研究内容包括道德、竞争与合作、人际关系、社会促进效应、社会化、社会情境中的自我、社会影响、应用社会心理学。

三、文化人类学倾向的体育社会心理学

社会心理学的心理学倾向和社会学倾向所产生的主导地位影响甚重,有研究者认为跨文化社会心理学看起来还是心理学倾向的社会心理学,或者是心理学倾向的社会心理学家从事的,但由于要考虑到把人的心理放在不同的社会文化中看待(马怡和翟学伟,2003),所以文化人类学的社会心理学一直难以从社会心理学中脱胎出来。

实际上,文化人类学在社会心理学的生成过程中起到了重要作用,因为生理心理学不能穷尽成熟意识的实在内容,最高的心理过程乃是人类共同体历史发展的产物,所以心理学家冯特用20年时间(1900—1920年)编写了10卷本的《民族心理学——对语言、神话和习俗的发展规律的探讨》(马广海,1999)。对民族心理学的研究也催生了社会心理学中的"文化"内涵,因为生活于一具体文化环境中的民族具有不同于其他民族的社会行为的基本概念是"文化",它具体表现为一民族所特有的与其整个生活环境相适应的生存方式(包括幼儿养育方式、成年仪式和家庭组合形式),并通过文化熏陶(又称文化儒化,是与社会学中的社会化同等的概念)代代相传,成为一特定民族的个体间基本一致的人格结构,所以一个民族独特的文化行为就是由这种基本人格结构或民族性格决定的(周晓虹,1991)。因此,我们不难发现在人类行为中,除了个人自身的机体因素和来源于个体间交互作用而形成的社会因素之外,还存在着传统的风尚习俗、典章制度、工具器械、哲学信仰等的影响(怀特,1988),所以"文化"和"种族"是文化人类学倾向的体育社会心理学的主要研究内容,包括运动心理学的跨文化比较研究(体育文化心理学)、种族问题。

本章小结

如果从19世纪末期体育社会心理学研究发端开始,考察现代体育社会心理学的发展进程,依据其演化关系进行分类,从理论上更能表现体育社会心理学的有机结构,但是体育社会心理学除了自主发展,在很大程度上还受

到社会心理学的影响,而且其独特性体现在由体育情境所规划的领域。基于目前国际体育社会心理学发展的水平,从体育社会心理学本身演绎内容结构只是一种选择,因为在社会心理学的大环境下,体育社会心理学的研究内容结构离不开社会心理学的影响。

经历了一个多世纪的发展,社会心理学的研究领域、内容结构、理论体系等内容经过了反复检验,目前存在共识的社会心理学知识是经过历史检验的,相对于研究者依据个人知识从体育社会心理学本身规划内容结构,参照社会心理学的成熟划分模式,具有更好的科学性,因为这代表着国际社会心理学学术共同体的主流观点。

国际社会心理学界对社会学和心理学倾向的社会心理学已经形成了比较明确的划分,前者关注群体现象,后者关注个体层面的问题。尽管国际社会心理学早已重视文化和民族问题,并且创建了文化心理学和民族心理学,体育社会心理学界也开始接受体育文化心理学[如 Jowett 和 Lavallee(2007)专门介绍了运动心理学研究中的跨文化问题],但是将文化人类学倾向作为社会心理学的第三个分支在国外并没有获得充分支持,因为国外研究者更愿意在文化心理学或民族心理学的独立领域中开展相关工作(马广海,1999),不过我国学者周晓虹(1987,1991)详细阐述了这一分支存在的必要性。

综合而言,我们可以根据议题所围绕的主题进行初步归类,然后根据各主题的研究目的归结为不同的理论,最后通过这些理论所着眼的层面(个体、群体和文化)做进一步的归纳。当然,在倾向性的分类上,研究取向并不是唯一选择,还可以根据"心理现象与行为",或"实证研究与理论分析",或"个体与个体、群体与群体、个体与群体、群体内部"等承载研究内容的平台特征进行分类,只是本研究所采用的分类方式得到了较多研究者的认可。

第七章　体育社会心理学研究的内容体系

体育社会心理学显然不是相关研究内容简单堆砌的结果,而是由各个具体议题构成的有机整体,但是现有的体育社会心理学和运动心理学文献中没有呈现出体育社会心理学研究内容的这种关系,也从来没有研究者报告过体育社会心理学研究的内容体系。

本书第六章介绍了体育社会心理学研究内容分类,展现了这些研究内容的聚合特征,但无法表明其中的联系,因此,本章通过 Nvivo 8 质性分析软件的模型构建功能,逐级勾画出体育社会心理学研究内容之间的纵向联系,从而将体育社会心理学的研究内容凝结成一个整体。从体育社会心理学研究内容的分类情况看,它们可以划分为三种倾向,所以体育社会心理学研究的整体内容体系也应该由三个子系统聚合而成。

第一节　心理学倾向的体育社会心理学研究的内容体系

心理学倾向的体育社会心理学研究包括 9 个领域,它们基于研究内容的学科倾向性联系在一起,而这 9 个领域又细分成多级子系统。

1. 社会认知

社会认知包括:认知人际关系、对他人的认知、自省和社会认知的研究 4 个二级议题。这 4 个二级议题进一步细分成若干三级议题。

(1)认知人际关系包括主观同辈关系、人际关系感知、对教练员-运动员关系的感知、团队沟通的社会认知等 10 个三级议题。

(2)对他人的认知包括个性、人格、印象、地位、诚实、身份、认知他人、社会声望、执教风格、教练员威信、工作积极性等 13 个三级议题。

(3)自省包括感知觉、自信、意识、身体意象、自我状态、自我效能、满意度、坚持性、社会支持感等 13 个三级议题。

(4)社会认知的研究细分出社会认知、社会知觉等3个三级议题。

在此基础上,部分三级议题进一步分成四级议题,其中自我效能包括任务自我效能、自我效能信念、身体自我效能、学业自我效能、自我呈现效能等25个四级议题;自我认知包括自我概念、自我满意度、可能自我、身体自我等15个四级议题。

部分四级议题进一步细分出五级议题,其中身体自我包括身体自我描述、身体自我特征、身体自我呈现等7个五级议题;运动员满意度包括训练满意度、对教练员的满意度、运动员生活满意度等8个五级议题。少数议题还出现了更进一步的细分,如对教练员的满意度包括对教练员领导行为的满意度。

2. 动机

动机包括:动机研究、需要、意愿、观念、努力、感觉寻求、自由、兴趣、期望、意向、定向、目标等16个二级议题,其中感觉寻求、自由、逆转理论和计划行为理论没有进一步细分,其余12个二级议题都发生了细分。

(1)动机研究包括目的、意图、动机氛围、成就动机、工作动机、动机冲突等45个三级议题,其中16个三级议题继续细分。例如动机氛围包括主观动机氛围、团队动机氛围、同辈动机氛围等8个四级议题;意图包括锻炼意图、体育教育意图、运动参与意图等7个四级议题。

(2)需要包括心理需要、体育相关的生活需要、健身需要、运动员需要等18个三级议题,其中运动员需要、人际需要、成就需要等11个三级议题没有细分,其余7个议题也只细分出四级议题,例如健身需要包括健身需要、健身需求和健康需求3个四级议题。

(3)意愿包括锻炼意愿、健身意愿、训练意愿、自愿努力、体育活动意愿、体育消费意愿等10个三级议题。

(4)观念包括体育观念、体育教学观念、健身观念等7个三级议题。

(5)努力包括努力程度、团队任务努力、心理努力等5个三级议题。

(6)兴趣包括体育运动参与兴趣、体育学习兴趣、运动员兴趣、整体兴趣、休闲兴趣等7个三级议题,其中体育运动参与兴趣、体育学习兴趣和职业兴趣进一步细分出四级议题。例如体育运动参与兴趣包括体育爱好、运动情趣、运动项目兴趣等7个四级议题。

(7)期望包括对体育运动效益的期望、对教练员管理行为的期望、对运动成绩的期望等14个三级议题,其中对体育运动效益的期望、对运动成绩的期望和角色期望细分出四级议题。例如角色期望包括性别角色期望、年龄角色期望和体育教师角色期望3个四级议题。

(8)意向包括体育专业学生择业意向、运动员退役意向和锻炼行为意向3个三级议题。

(9)定向包括任务定向、行为定向、动机定向等22个三级议题,其中动机定向、社会定向、目标定向等6个三级议题细分出四级议题。例如目标定向包括成就目标定向、目的取向、特质性目标定向等8个四级议题。

(10)目标包括团队目标、目标设置、成就目标等29个三级议题,其中目标设置等9个三级议题进一步细分出四级议题,例如目标设置包括主观目标设置、团队目标设置等5个四级议题。

(11)价值观包括锻炼价值观、体育运动价值观、体育消费价值观等8个三级议题,其中体育运动价值观细分出体育价值观、体育价值观取向、体育运动价值、体育价值观念4个四级议题。

(12)信念包括信仰和信念2个三级议题,其中信仰细分为宗教信仰和信仰2个四级议题;信念细分为团队信念、运动价值信念、体育活动信念等18个四级议题。

3. 归因

归因包括:归因问题、控制点问题、心理因素、原因、压力来源、决定因素6个二级议题。

(1)归因问题包括因果归因、成绩归因、成败归因、归因训练、体育行为归因、前因、源和归因理论研究8个三级议题,均发生了进一步的细分,其中因果归因包括因果关系、因果定向、因果归因等6个四级议题。

(2)控制点问题包括控制点、场依存性-场独立性、心理控制源3个三级议题,其中控制点和场依存性-场独立性细分出四级议题。例如控制点包括心理控制点、运动成就心理控制点、控制点信念和控制点。

(3)心理因素包括社会心理因素、体育教育的心理因素、体育彩票消费心理、裁判工作的心理因素等15个三级议题,其中体育教育的心理因素、社会心理因素、锻炼心理因素、运动损伤心理因素、健康相关心理因素、运动参与心理因素、比赛心理因素7个三级议题细分出四级议题。例如运动损伤心理因素包括运动损伤的心理学分析、对运动损伤心理因素的感知、运动损伤的心理问题和运动损伤的心理致因4个四级议题。

（4）原因包括锻炼原因、越轨行为成因、Flow的致因、体育暴力的原因等19个三级议题，其中体育暴力的原因包括足球流氓暴力的原因、体育运动暴力原因和球迷暴力原因3个四级议题。

（5）压力来源包括心理压力源、公众压力源、竞赛压力源、紧张压力、时间压力、人际压力等13个三级议题，其中压力源、生活压力源、公众压力源、竞赛压力源和心理压力源细分出四级议题。例如竞赛压力源包括赛前心理压力源、主观竞赛压力源、竞赛压力源3个四级议题。

（6）决定因素包括锻炼的社会决定因素、锻炼的心理决定因素和成绩期望的决定因素3个三级议题。

4.心理状态

心理状态包括：紧张、恐惧、倦怠、焦虑、疲劳和运动体验6个二级议题。

（1）紧张包括紧张感、紧张压力、运动员过度紧张和教练员身份紧张4个三级议题。

（2）恐惧包括成功恐惧、消极评价恐惧、受伤恐惧等8个三级议题。

（3）倦怠包括工作倦怠、心理倦怠、运动倦怠、教练员倦怠等8个三级议题，其中工作倦怠细分出职业倦怠、工作倦怠、裁判员工作倦怠和执教倦怠4个四级议题。

（4）焦虑包括竞赛焦虑、认知焦虑、焦虑发生的情境、焦虑干预等9个三级议题，除了状态-特质焦虑，其余8个三级议题均发生了细分。例如竞赛焦虑细分出赛前焦虑、竞赛状态焦虑、竞赛焦虑、竞赛特质焦虑4个四级议题。

（5）疲劳包括心理疲劳、主观疲劳、运动疲劳等6个三级议题，其中心理疲劳细分出运动性疲劳的心理特征、运动性心理疲劳、运动员心理疲劳和体育活动中的心理疲劳4个四级议题。

（6）运动体验包括乐趣体验、成功的体验、羞耻感、痛哭、羞怯感知等16个三级议题，其中成功的体验和观赛体验细分出四级议题。例如观赛体验包括现场观赛体验和电视观赛体验。

5.情感

情感包括：情感状态、影响情感的因素、情感效应、情感移入等8个二级议题,其中悲哀、情感调节、情感信念、情商4个二级议题没有进一步分化。

(1)情感状态、情感效应和情感移入又细分出三级议题,例如情感效应包括情感收益和情感效应2个三级议题。

(2)影响情感的因素包括归因-情感关系、成败的情感影响、压力下的情感等6个三级议题,其中认知与情感细分出认知情感过程等4个四级议题。

6.团体心理学

团体心理学包括:团体动力、凝聚力、领导等9个二级议题,其中团队交互作用等6个议题没有进一步细分。

(1)团体动力包括团体动力、团队动力、与对手关系产生的动力3个三级议题。

(2)凝聚力包括任务凝聚力、团队归属感、团队凝聚力等7个三级议题。

(3)领导包括领导行为认知、教师领导行为、变革型领导等8个三级议题,其中教练员领导行为、运动员领导行为、变革型领导、领导问题等细分出四级议题。例如教练员领导行为包括教练员领导、教练员领导方式、教练员领导行为3个四级议题。

7.态度

态度包括:药物使用态度、体育工作态度、选择体育作为职业的态度等14个二级议题,其中性别态度、身体意象态度等9个议题没有细分。

(1)体育工作态度包括体育教育态度、教学态度和职业态度3个三级议题。

(2)选择体育作为职业的态度包括择业态度等2个三级议题。

(3)体育精神态度包括体育精神态度和运动员精神态度2个三级议题。

(4)运动参与态度包括参加体育活动的态度、竞技体育参与态度、体育学习态度等5个三级议题,而且它们均细分出四级议题。例如体育学习态度包括学生体育态度、体育学习态度和体育课态度3个四级议题。

(5)对体育相关事情的态度包括公平竞赛态度、球迷广告态度、对学校体育的态度等7个三级议题。

8.体育精神

体育精神包括:运动员精神、体育精神、团队精神、体育运动对人精神的影响和运动员的精神动力 5 个二级议题,其中运动员精神和体育精神细分出三级议题。例如运动员精神包括运动员精神特征、运动员精神定向和运动员精神态度 3 个三级议题。

9. 心理健康

心理健康包括:心理健康、心理卫生、影响心理健康的因素和影响心理健康的社会因素 4 个二级议题,它们均没有进一步细分。

从心理学倾向的体育社会心理学研究在各个领域的辐射情况看,9 个领域所占据的研究范围不一样,动机、归因等问题的研究范围较大,而体育精神、心理健康的研究范围较小,因此体育活动中的动机、归因等问题具有较大的研究范围,研究者们对体育活动中的动机、归因等问题关注的程度也较深。

第二节 社会学倾向的体育社会心理学研究的内容体系

相对于心理学倾向的体育社会心理学研究,社会学倾向的体育社会心理学研究整体分化程度较弱,所以涵盖的范围相对较小。社会学倾向的体育社会心理学研究包括 8 个领域,它们在研究实践中可细分成多级子系统,共同构成了社会学倾向的体育社会心理学研究的范畴。

1. 社会化研究

社会化研究包括:适应、社会化、承诺、沟通、压力等 22 个二级议题,其中社会惰化、组织变革影响、父母教养方式等 13 个议题没有进一步细分。

(1)适应包括社会适应、心理适应、失败适应和性别适应 4 个三级议题,而心理适应还包括心理适应性、运动员职业转换等 3 个四级议题。

(2)社会化包括社会化和社会强化 2 个三级议题,它们又分化出四级议题。例如社会强化包括性别强化和社会强化 2 个四级议题。

(3)认同包括运动认同、性别认同、社会认同等 7 个三级议题。

(4)赞许包括社会赞许、赞美和社会赞许性反应 3 个三级议题。

(5)承诺包括教练员承诺、运动员承诺、执教承诺等 8 个三级议题,其中运动承诺分化出锻炼承诺、运动承诺、跑步承诺、承诺和运动承诺-锻炼行为关系 5 个四级议题。

（6）沟通包括队内沟通、执教沟通、沟通研究等4个三级议题。

（7）社会经验包括运动经验、参赛经验、职业经验等5个三级议题。

（8）应激包括应激应对方式、应激接种、应激能力等15个三级议题。

（9）压力包括对压力的感知、不同情境下的压力、压力应对和压力管理4个三级议题，它们均细分出四级议题。例如压力管理包括教练员压力管理、压力调节、压力管理训练等9个四级议题。

2. 人际关系

人际关系包括：师生关系、运动员的心理较量、家长-运动员关系等20个二级议题，其中信任、领导下属交换、球迷关系等15个议题没有发生分化。

（1）运动心理咨询关系包括运动心理咨询关系和运动心理学家-运动员关系2个三级议题。

（2）同辈关系包括同学关系、主观同辈关系等5个三级议题。

（3）依赖包括运动依赖、锻炼依赖和体育活动依赖3个三级议题。

（4）友谊研究包括友谊期望、友谊质量和友谊3个三级议题。

（5）人际关系包括人际需要、人际关系紧张、人际动力等20个三级议题。

3. 社会情境中的自我

社会情景中的自我包括：自我调控、自我设限、自我决定研究、自恋研究等15个二级议题，其中自我欺骗等8个议题没有产生细分。

（1）自我调控包括自我改变、自我调适、自我调节等14个三级议题。

（2）自我设限包括自我设限倾向、自我妨碍等6个三级议题。

（3）自我监管包括自我监管效能、自我监管效能信念等6个三级议题。

（4）自我发展包括自我强化、自我实现、自我提升3个三级议题。

（5）自我决定研究包括自我决定、自我决定动机、自我决定理论3个三级议题。

（6）自恋研究包括自恋和团队自恋2个三级议题。

4. 社会影响

社会影响包括：决策问题、家长影响、同辈影响等16个二级议题，其中榜样等6个议题没有出现细分。

（1）决策问题包括团队目标选择、判断研究、策略和决策4个三级议题，除了团队目标选择外,其他 3 个议题均出现了细分。例如判断研究包括职业判断、判断偏好和判断 3 个四级议题。

(2)偏好包括偏见与歧视、倾向性和偏好问题 3 个三级议题,均出现了细分,例如偏好问题包括运动偏好、运动员偏好等 12 个四级议题。

(3)社会心理因素包括社会心理发展、社会心理功能等 9 个三级议题,其中社会心理影响和社会心理特征出现了细分。例如社会心理影响包括社会心理效应、体育的社会心理功能等 6 个四级议题。

(4)激励问题包括激励制度、激励机制、激励方法和激励 4 个三级议题。

(5)家长影响包括家长在场的影响、家长行为的影响等 7 个三级议题。

(6)退出体育运动研究包括退役状态、比赛弃权等 7 个三级议题。

(7)同辈影响包括队友状态对成绩的影响、同龄人交互作用和同辈影响 3 个三级议题。

(8)依从包括依恋、依赖、自恋、依附、锻炼依从性 5 个三级议题,其中依恋和依赖出现了细分。例如依恋包括运动员成人依恋等 4 个四级议题。

(9)反社会-亲社会行为包括反社会和亲社会 2 个三级议题,其中反社会行为包括越轨行为和反社会行为 2 个四级议题,而且越轨行为包括暴力、药物使用等 5 个五级议题;亲社会行为包括亲社会和亲近 2 个四级议题。

(10)从众包括服从倾向性和从众研究 2 个三级议题。

5. 道德

道德包括:道德氛围研究、社会道德研究、思想道德研究等 12 个二级议题,其中道德危机、体育对道德观的影响等 5 个议题没有出现细分。

(1)道德氛围研究包括主观道德氛围、团队道德氛围和道德氛围 3 个三级议题。

(2)社会道德研究包括社会道德功能和社会道德 2 个三级议题。

(3)道德推脱研究包括道德脱离和道德推脱 2 个三级议题。

(4)道德行为研究包括体育道德行为、道德行为准则和道德行为 3 个三级议题。

(5)思想道德研究包括思想品德教育、道德思想和思想道德 3 个三级议题。

(6)对道德的认知包括道德概念、道德价值、对运动道德的认知、教练员的道德认知 4 个三级议题。

(7)体育道德研究包括竞技道德、道德隔离、体育道德定向、体育道德培养等13个三级议题。

6. 社会促进效应研究

社会促进效应研究包括：观众效应研究、主场效应、拉拉队效应和社会促进4个二级议题。

(1)观众效应研究包括观众影响、支持性观众行为的影响和观众效应3个三级议题。

(2)主场效应包括主场优势、主场不利、主场效应的原因等6个三级议题。

7. 竞争与合作

竞争与合作包括：竞争、合作2个二级议题。

(1)合作包括合作学习对社会经验的影响、合作定向和合作3个三级议题。

(2)竞争包括良性竞争、竞争意识、竞争定向等6个三级议题。

8. 应用社会心理学

应用社会心理学包括：心理选材、社会心理学视角的研究、体育社会心理学理论在运动心理咨询中的应用等5个二级议题，它们均没有出现细分。

从社会学倾向的体育社会心理学各研究领域的涵盖范围看，社会影响、社会化、人际关系等问题的研究范围较大，体育领域中应用社会心理学的研究深度较浅。如果对比心理学倾向的体育社会心理学研究内容的分布特征，社会学倾向的体育社会心理学研究议题的分化水平较低。

第三节 文化人类学倾向的体育社会心理学研究的内容体系

文化人类学对社会心理学的影响比较晚，这种研究思想是否已经影响到体育社会心理学的发展，尚不得而知，因为目前国际运动心理学界还没有人从文化人类学的视角讨论过体育社会心理学。但是根据文化人类学倾向的社会心理学理论，体育社会心理学确实包含着文化人类学倾向的研究，只是目前关注的广度和深度都非常有限。由图7-1可见,与文化人类学产生联系的体育社会心理学研究主要涉及两个议题:文化视角下的体育社会心理学和种族效应。目前的研究范围还比较窄。

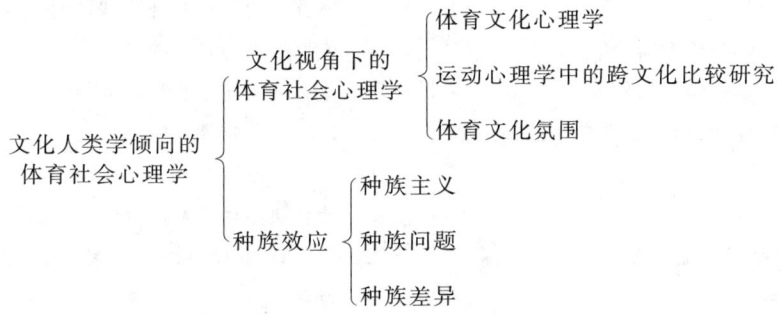

图7-1 文化人类学倾向的体育社会心理学研究的内容体系

第四节 体育社会心理学研究的内容体系

心理学的体育社会心理学议题占据了体育社会心理学研究的大部分内容,虽然这不能说明心理学的体育社会心理学研究比社会学的体育社会心理学研究更受重视,但前者被研究的深度明显优于后者,这种现象可能与社会心理学研究的范围较大有关。

通过前述研究工作,从现有的文献知识库中选取出体育社会心理学应该包括的138个议题,并在Nvivo 8质性分析软件的帮助下实现了体育社会心理学内容关系的可视化。由于体育社会心理学是社会心理学的一部分(体育社会心理学不可能超越社会心理学,更不会存在社会心理学包含不了的内容),所以当代体育社会心理学在构建内容体系时,既要考虑内容选择的范围,又要重视学科发展的需要,包罗万象地囊括所有议题,将不利于汇集学科建设的凝聚力,也缺乏现实指导价值,毕竟体育社会心理学的学科建设正处于起步阶段,所以本研究根据当前国际体育社会心理学学科建设和发展的实际需要(凝练具有体育特色的内容和引领学科发展潮流的议题),重点考虑相关议题的来源(是否来源于体育领域)、与体育运动的关系(是否为体育社会心理学应该重点关注的问题)、是否为热点议题,然后我们尝试构建了一个具有研究价值的体育社会心理学的内容体系(表7-1)。

表 7-1 体育社会心理学的内容体系

第一章　理论概述
　第一节　概述
　　一、体育社会心理学简介
　　二、体育社会心理学的研究范畴
　　三、当代体育社会心理学发展面临的主要问题
　　四、国际体育社会心理学史
　第二节　体育社会心理学的研究方法
　　一、实验研究
　　二、问卷调查
　　三、质性研究
　　四、案例分析
　　五、心理测验
　　六、访谈法
第二章　体育情境中个体的社会心理问题
　第一节　体育参与动机
　　一、参加体育运动的动机
　　二、外界期望对体育参加者的影响
　　三、运动兴趣
　　四、体育参与需要
　　五、体育参与意愿
　　六、体育参加者的目标设置
　　七、体育参加者的努力倾向
　第二节　体育参与者的心理状态
　　一、相关他人与运动员的赛前焦虑
　　二、紧张：面对强大的对手
　　三、运动员的成功与失败恐惧
　　四、运动与流畅状态
　　五、运动疲劳
　第三节　社会情境中体育参与者的自我
　　一、体育运动与自恋

　　二、自我决定理论在体育领域中的应用
　　三、体育运动与自我怀疑和认同
　　四、体育运动与自我控制
　　五、体育运动与自我呈现
　　六、运动员的自我监管
　第四节　体育情境中的社会认知
　　一、社会认知理论在体育领域中的应用
　　二、合理认知对手、队友、教练、裁判和观众
　　三、合理看待自己与对手、队友、教练、裁判、观众的关系
　　四、如何看待情境中的自我
第三章　体育情境中群体的社会心理问题
　第一节　体育与社会化
　　一、父母教养方式对子女参与体育的影响
　　二、体育运动对抗压能力的影响
　　三、运动员的组织公民行为
　　四、运动队的社会统一
　　五、体育运动与人的社会化
　　六、性感对女性坚持运动的影响
　　七、体育运动参与者的朋友圈
　　八、体育运动中的沟通
　第二节　体育领域中的人际关系
　　一、教练员-运动员关系
　　二、体育课中的师生关系
　　三、体育参与中的同伴关系
　　四、体育运动与友谊
　　五、运动心理咨询关系
　第三节　体育领域中的团体心理学
　　一、体育组织中的领导行为
　　二、运动团队中互动过程

续表 7-1

三、运动团队凝聚力	二、亲人的影响
四、团体动力学与运动队建设	三、体育参与需要鼓励
第四节 体育领域中的社会促进效应	四、观众规模与运动表现
一、体育领域中社会促进效应理论概述	五、奖赏与运动表现
二、观众效应	第三节 应用体育社会心理学
三、主场效应	一、社会心理学理论在运动心理咨询中的应用
四、对手效应	二、社会心理学理论在运动员选材中的应用
第四章 体育情境中的社会心理问题	
第一节 体育运动产生的社会行为	第四节 社会文化与体育运动
一、球场暴力	一、体育文化心理学
二、体育从业者的工作-家庭关系	二、社会心理学视角下民族传统体育文化的传承
三、运动成瘾	
四、运动与兴奋剂	三、体育参与者的心理与行为存在种族差异
五、运动员退役的社会心理学分析	
第二节 社会因素对体育参与的影响	
一、榜样与体育参与	

根据研究视角，将体育社会心理学的内容分为四大部分：理论部分、个体层面的体育社会心理学问题、群体层面的体育社会心理学问题和社会层面的体育社会心理学问题。

理论部分：主要介绍体育社会心理学的界定、体育社会心理学的研究范畴、当代体育社会心理学发展面临的主要问题、国际体育社会心理学史和体育社会心理学的研究方法，帮助读者们建立基本的体育社会心理学认知，这样有助于他们理解具体的体育社会心理学议题。

个体层面的体育社会心理学问题：主要包括体育参与动机、体育参与者的心理状态、社会情景中体育参与者的自我、体育情境中的社会认知、体育与社会化，重点阐述个体在体育活动中产生的社会心理反应，如个体的体育参与动机（健美、交友等）。

群体层面的体育社会心理学问题：包括体育领域中的人际关系、体育领域中的团体心理学和体育领域中的社会促进效应，详细介绍体育情境中人们之间产生的交互作用,如运动队的凝聚力。

社会层面的体育社会心理学问题:包括体育运动产生的社会行为、社会因素对体育参与的影响、应用体育社会心理学、社会文化与体育运动,着重介绍体育运动与社会心理和行为的关系,例如球场暴力、种族文化与民族传统体育。

综上所述,经过甄选和分类的体育社会心理学的研究议题,比较清晰地呈现了现代体育社会心理学的研究范畴,即包括3种倾向性的19个领域,涉及138个具体的议题(图7-2)。

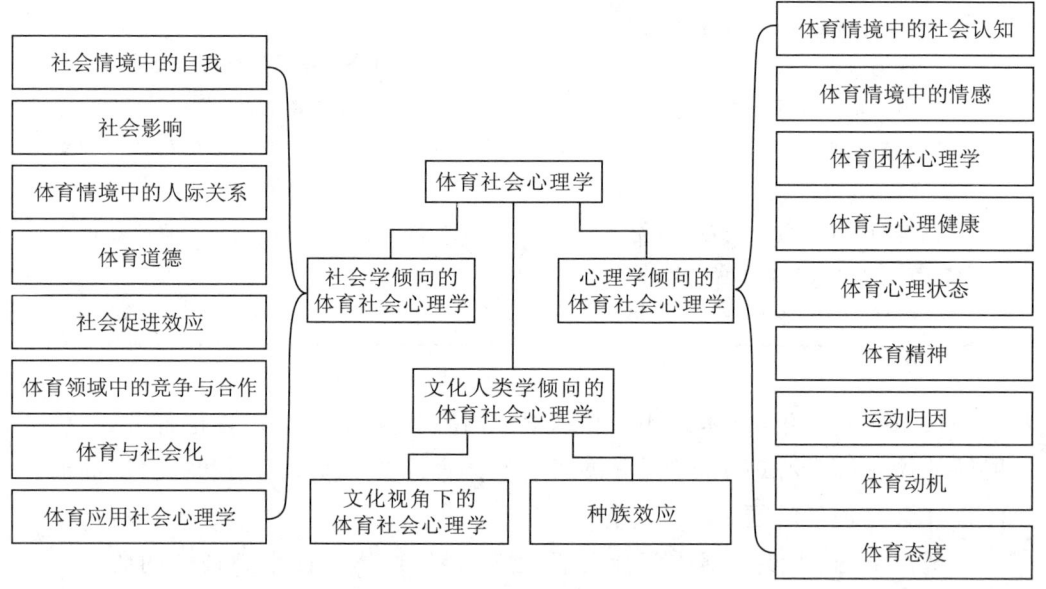

图 7-2 体育社会心理学研究议题的体系

本章小结

根据体育社会心理学研究内容的分类,对各个议题细分情况做进一步的追踪,继而逐层构建了体育社会心理学研究的内容体系。综合而言:①心理学的体育社会心理学研究内容占据了体育社会心理学研究的大部分内容,而文化人类学的体育社会心理学的研究内容较少;②不同议题的细分程度不一样,有的议题只有 2 个层级的研究内容,而有的议题却细分出了 5 个层级,因此在体育社会心理学研究的内容体系中有的主题能够显示出一条较长的序列,而有的主题显示出来的深度较浅,这也可能源自议题本身可扩展的空间有限;③心理学倾向的体育社会心理学研究议题细分的程度相对较高,其中较多的主题能够细分出 5 个层级的议题。

本研究借助 Nvivo 8 质性分析软件的模型建构功能勾画出了体育社会心理学研究的内容体系,具体表现体育社会心理学研究内容的纵向关系,表明体育社会心理学研究向深度扩展的方向,有利于我们认知体育社会心理学研究的内涵。

构建体育社会心理学研究的内容体系,有利于指导研究者们从纵向上创新体育社会心理学的学科议题,并支持研究者们凝练出体育社会心理学的学科概念,而且为编写体育社会心理学相关教科书提供了知识来源上的参考。

第八章　结束语

从1968年Kenyon在第2届国际运动心理学大会上提出"Social Psychology of Sport"的概念至今，国际体育社会心理学研究者习惯从社会心理学的角度引述体育社会心理学的研究内容，迄今没有从体育知识中凝练体育社会心理学的议题，所以主流观念中的体育社会心理学实际上是体育领域中的社会心理学，以体育现象作为研究对象的社会心理学知识长期被忽视。如果不能明确一门学科研究什么，那么学科建设工作就无法开展。

母学科与子学科的天然关系是无法否认和忽视的，社会心理学必然界定了体育社会心理学的研究方向和整体轮廓，但是具体到"什么是体育社会心理学"，就必须着眼于体育活动中产生出来的社会心理学知识，虽然它们本质上是社会心理学的，但不能把体育社会心理学与社会心理学混为一团，更不能简单地套用社会心理学定义来界定体育社会心理学。本研究正是基于这种考虑，以及国际体育社会心理学学科发展的需要而开展的。

虽然本研究提出的体育社会心理学研究内容不能概全其研究的全部领域，但是基于本研究所采用的技术方法，落选的议题应该是极少数，不会影响我们认识体育社会心理学的主体面貌，而且在考察本研究所列出的议题以及其他尚未包括的议题是否是体育社会心理学研究时，同样需要证据，一旦有了充足证据，本研究所呈现的138个议题是可以改动的。

目前检索的138个议题的主要意义在于：①支持国际体育社会心理学研究者尽快突破体育社会心理学认知局限，尽早着手推进体育社会心理学学科建设的工作；②进一步明确体育社会心理学的研究范畴，在此基础上进行取舍，避免套用社会心理学的概念来描述体育社会心理学的情境，以后我们谈论体育社会心理学研究什么，可用本书中的证据，而不是套用社会心理学进行推论。

通过理论和实证两方面的检验，本研究最终确认了体育社会心理学研究应关注138个议题。虽然部分议题存在一定的争议,但是读者们应该确立正确的体育社会心理学认知观念,比如"社会认知"与"认知社会"是两个概念,前者关注的是人,后者审视的是包括人在内的所有社会构件。具体而言,我们评价姚明是一名优秀的篮球运动员,这是社会认知;如果我们评价姚明的西装高端大气上档次,这种认知跟人没有关系,就不是社会认知,而是认知社会。此外,社会心理学中的"决策"是指对人的决策,例如NBA火箭队主教练麦克海尔制定了防守湖人队的战术,这种决策被看作体育社会心理学的研究内容,如果麦克海尔"决策"午饭喝啤酒,还是可乐,这就不属于体育社会心理学的研究范畴。在考证体育社会心理学研究内容的过程中,笔者深刻认识到理解体育社会心理学不能抛开"人"的影响,切莫望文生义。另外,由于我们确认体育社会心理学研究内容依靠的是理论或经验证据,所以主观上认可或不认可无法作为决定某个议题是不是体育社会心理学研究内容的依据。少数议题是否剔除,或纳入,尚待后续研究获得的证据予以检验。

  按照相应的理论知识,体育社会心理学可以归纳为三大类:心理学倾向的体育社会心理学、社会学倾向的体育社会心理学和文化人类学倾向的体育社会心理学。从各部分所包含的研究内容看,文化人类学的体育社会心理学仍是体育社会心理学研究中的小众话题。

  通过确认体育社会心理学的138个议题,按照研究倾向性可分为三大类,逐步构建这些议题的关系。为了进一步显示它们的内部联系,本研究依托Nvivo 8质性分析软件的建模功能,构建了体育社会心理学研究的内容体系,显示出体育社会心理学议题逐层细分的过程,并发现部分议题在横向上取得了较大的扩张,如体育活动中的动机有42种;还有一部分议题在纵向上取得了较深的细分,如团队心理学的领导问题包括5个层级的议题。

  国际体育社会心理学研究有110多年的历史,学科建设工作也有50多年的历史。本研究首次考证了体育社会心理学的研究内容,并构建了这些议题的纵向关系,因此我们能够首次具体认知体育社会心理学研究的范畴和内容体系。

参考文献

蔡曙山.科学与学科的关系及我国的学科制度建设[J].中国社会科学,2002(3):79-80.

仇军,徐茜.中国体育社会学发展问题引论[J].体育科学,2006,26(7):67-70.

杜立婕.19世纪末心理主义社会心理学思潮和社会心理学的诞生[J].华东理工大学学报(社会科学版),2003,23(1):8-12.

郭玉霞.质性研究资料分析:Nvivo 8 活用宝典[M].台北:高等教育出版社,2009.

韩向明,韩燚.简论社会心理学的知识体系[J].山西大学学报(哲学社会科学版),2011,34(2):101.

黄金柱.体育社会心理学[M].台北:师大书苑出版公司,1985.

季浏,张力为,姚家新.体育运动心理学导论[M].上海:华东师范大学出版社,2007.

季浏,朱学雷.体育社会心理学[M].上海:华东理工大学出版社,1996.

莱斯利·怀特.文化的科学[M].沈原,译.济南:山东人民出版社,1988.

乐国安,汪新建.社会心理学理论与体系[M].北京:北京师范大学出版社,2011.

乐国安.社会心理学(第4版)[M].天津:南开大学出版社,2008.

刘慎年.运动社会心理学需要探讨的几个问题[J].心理学探新,1986(4):54-57.

刘一民,曹莉.体育人文社会学的研究对象及方法论特征[J].武汉体育学院学报,2008,42(4):16-20.

刘周敏.体育社会心理学研究内容的探讨[D].长沙:湖南师范大学,2006.

卢元镇,于永慧.给体育社会学一个准确的学科定位[J].体育科学,2006,26(4):3-8.

卢元镇.体育社会学[M].北京:高等教育出版社,2010.

陆小聪,曹祖耀,张修枫.体育社会心理学研究视域的构筑[J].体育科学,2010,30(11):9-16.

马广海.文化研究的社会心理学意义[J].山东大学学报:哲学社会科学版,1999(4):93-97.

马怡,翟学伟.社会学的社会心理学:研究取向及其现状[J].内蒙古社会科学(汉文版),2003,24(3):107-110.

米靖.论体育教育训练学的研究对象与学科性质[J].体育与科学,2012,33(5):104-107.

邱卓英,邱宜均.当代体育社会心理学研究的理论、方法与主要问题[J].武汉体育学院学报,1995,108(1):17-22.

沙莲香.关于社会心理学学科性质的思考[J].社会心理科学,2006,21(1):11-16.

沈杰.社会心理学中两种研究取向的历史作用及其综合趋势[J].社会科学辑刊,1996(3):25-30.

石岩,王莹,赵阳,等.球场观众暴力的发展趋势、研究进展与遏制策略[J].体育科学,2007,27(1):24-40.

石岩.球场观众暴力研究[M].北京:科学出版社,2013.

石岩.体育运动心理问题研究[M].北京:北京体育大学出版社,2007.

石岩.我国足球场观众暴力:现状与问题[J].北京体育大学学报,2004,27(8):1013-1015.

姒刚彦,李庆珠,刘皓.当代体育运动心理学跨文化研究述评[J].心理学报,2006,38(3):468-474.

苏庆福.体育社会心理学研究对象的探讨[D].长沙:湖南师范大学,2005.

苏庆富,杨维琴.我国体育社会心理学学科研究及其发展态势[J].首都体育学院学报,2004,16(2):109-111.

苏庆富,李艳翎.以体育社会心理学为视域解读学科三要素[J].上海体育学院学报,2006,30(6):1-5.

苏庆富,李艳翎.体育社会心理学的发展路径及态势分析[J].北京体育大学学报,2005,28(3):335-337.

苏庆富,阮利民.体育社会心理学学科结构性要素——研究对象的探讨[J].沈阳体育学院学报,2012,31(6):53-56.

汪康乐.体育科学新学科创建学[M].北京:北京体育大学出版社,2006.

王恩界.中国社会心理学源脉与走向[M].石家庄:河北大学出版社,2008.

王进.当代体育社会心理探索——从理论到实践[M].杭州:浙江大学出版社,2013.

王小章,周晓虹.面向社会:现代社会心理学的转折——对美国和欧洲的考察[J].杭州大学学报,1994,24(1):97-103.

王莹,石岩.中国优秀运动员公众形象塑造的质性研究[J].体育科学,2014,34(4):

48-57.

王莹.中国优秀运动员形象特征、定位与塑造的研究[D].太原:山西大学,2014.

韦庆旺,孙健敏.对环保行为的心理学解读——规范焦点理论述评[J].心理科学进展,2013,21(4):185-194.

杨中芳.由中国"社会心理学"迈向"中国社会心理学"——试图澄清有关"本土化"的几个误解[J].社会学研究,1991(1):32-38.

姚家新.2014—2015年运动心理学学科发展研究报告[R].中国体育科学学会运动心理学分会,2014.

叶永延,郑亦华.对编写高师体育系《运动生物力学》教材内容原则的探讨[J].南京体育学院学报,1996,10(2):1-3.

游茂林,石岩.什么是体育社会心理学——基于中外20名运动心理学家学术经验的考量[J].体育科学,2015,35(2):73-80.

游茂林.完善国际运动心理学界对Norman Triplett的认知[J].体育科学,2014,34(9):82-86.

俞国良,沈卓卿,韦庆旺.社会心理学是心理学的枢纽学科[N].中国社会科学报,2013-10-09(03).

张力为,毛志雄.运动心理学[M].上海:华东师范大学出版社,2003.

张力为,任未多.体育运动心理学研究进展[M].北京:高等教育出版社,2000.

张力为."2013年世界运动心理学大会"专栏导读[J].北京体育大学学报,2013,36(9):41.

张力为.中国运动心理学的现实与梦境——2010年第9届全国运动心理学学术会议暨第2届华人运动心理学研讨会的学术总结[J].体育科研,2010,31(6):1-5.

中国体育科学学会.2014—2015年体育科学学科发展报告——运动心理学[R].中国科学技术协会,2015.

周晓虹.现代社会心理学[M].上海:上海人民出版社,1997.

周晓虹.现代社会心理学——社会心理学和文化人类学的综合探索[M].南京:江苏人民出版社,1991.

周毅.研究生学位论文选题原则及方法[J].学位与研究生教育,2009(10):34-41.

Allport F. Social psychology[M]. Boston:Houghton Mifflin Company,1924.

Baron R, Branscombe N. Social psychology(13th)[M]. New Jersey:Pearson Education Inc,2012.

Biddle S. Attribution research and sport psychology[A]. Singer R. Handbook of research on sport psychology[M]. New York:Macmillan,1993.

Blancharc B. A behaviour frequency rating scale for the measurement of character and personality in physical education classroom situations[J]. Research Quarterly. American Association for Health, Physical Education and Recreation, 1936, 7(2):56 – 66.

Booth E. Personality traits of athletes as measured by the MMPI[J]. Research Quarterly. American Association for Health, Physical Education and Recreation, 1957,29(2):127 – 138.

Bordens K, Horowitz I. Social psychology(3th)[M]. Minnesota:Freeload Press,2008.

Bouet M. Aspects de la psychologie sociale du sport[J]. International Journal of Sport Psychology,1970,1(2):105 – 116.

Brawley L, Martin K. The interface between social and sport psychology[J]. The Sport Psychologist,1995,9(4):469 – 497.

Carron A. Social psychology aspects[A]. Zeigler E. Physical education and kinesiology in North America: professional & scholary foundations[M]. Champaign:Stipes Publishing Company, 1994.

Carron A. Social psychology of sport[M]. New York:Mouvement Publications,1980.

Carron A. The dynamics of group cohesion in sport[J]. Journal of Sport & Exercise Psychology,1981,3(2):123 – 139.

Chadee D. Theories in social psychology[M]. New Jersey:Wiley-Blackwell,2011.

Clark J. Sport psychology source [J]. The North American Review, 1930, 230(1):60 – 61.

Cox R. Sport psychology: concepts and applications (7th) [M]. New York: The McGraw-Hill Companies,2011.

Cox R. 运动心理学——概念与应用[M]. 张力为,张禹,牛曼漪,等译. 北京:清华大学出版社,2003.

Craig H. Sports interests and attitudes of students enrolled in the service curriculum in physical education at the University of Illinois[J]. Research Quarterly. American Association for Health, Physical Education and Recreation,1939,10(2):143 – 149.

Cratty B. Social psychology in athletics[M]. Upper Saddle River:Prentice Hall,1981.

Davis E, Cooper J. Athletic ability and scholarship: a résumé of studies comparing scholarship abilities of athletes and non-athletes[J]. Research Quarterly. American Physical Education Association,1934,5(4):68-78.

Delamater J,Ward A. Handbook of social psychology(2th)[M]. New York:Springer, 2013.

Deutsch M,Krauss R. Theories in social psychology[M]. New York:Basic Books,1965.

Doros G. A sportmozgalom farsadalmi lelektana[J]. Testneveles,1932,5(8-10):607-668.

Ellwood C. The psychology of human society[M]. New York:Appleton,1925.

Farr R. The long past and the short history of social psychology[J]. European Journal of Social Psychology,1991,21(5):371-380.

Fletcher G,Clark M. Blackwell handbook of social psychology:interpersonal processes [M]. Malden:Blackwell Publishers Ltd,2003.

Foon A. Reconstructing the social psychology of sport:an examination of issues[J]. Journal of Sport Behavior,1987,10(4):223-230.

Gaston G,Hu S. Athletes as students:ensuring positive cognitive and affective outcomes[J]. New Directions for Higher Education,2009(148):7.

Gates G. The effect of an audience upon performance:editorial comment upon the effect of an audience[J]. The Journal of Abnormal Psychology and Social Psychology,1924,18(4):334-342.

Gill D,McCloy C H. Lecture social psychology and physical activity:back to the future[J]. Research Quarterly for Exercise and Sport,2009,80(4):685-695.

Gill D. Psychological dynamics of sport[M]. Champaign:Human Kinetics Publishers, 1986.

Gill D. Social psychology and sport psychology:two peas in a pod?[J]. Journal of Sport & Exercise Psychology,1988,10(1):3.

Gould D,Pick S. Sport psychology:the Griffith Era,1920-1940[J]. The Sport Psychologist,1995,9(4):391-405.

Green C,Benjamin L. Psychology gets in the game sport,mind,and behavior,1880-1960[M]. Nebraska:University of Nebraska Press,2009.

Griffith C. Psychology and its relation to athletic competition[J]. American Physical Education Review,1925,30(4):193-199.

Gunnell K,Crocker P,Mack D,et al. Goal contents,motivation,psychological need satisfaction,well-being and physical activity:a test of selfdetermination theory over 6 months[J]. Psychology of Sport and Exercise,2014,15(1):19-29.

Hagger M, Chatzisarantis N. The social psychology of exercise and sport[M]. Berkshire:Open University Press,2005.

Hendry L. Social psychology of physical activity: the body, social interaction and meaning-a possible conceptual framework[C]. International Congress on Physical Activity Sciences,Quebec City,1976(2):583-604.

Hogg M,Cooper J. The SAGE handbook of social psychology: concise student edition [M]. London:SAGE Publications Ltd,2007.

Hogg M, Vaughan G. Social psychology (6th)[M]. Harlow: Pearson Education Limited,2011.

House J. The three faces of social psychology[J]. Sociometry,1977,40(2):161-177.

Howard G. Social psychology of the spectator[J]. American Journal of Sociology, 1912,18(1):33-50.

Hutzler Y, Sherrill C. Disability, physical activity, psychological wellbeing, and empowerment: a life-span perspective[A]. Lidor R,Bareli M. Sport psychology: linking theory and practice [M]. Morgantown: W. Va. Fitness Information Technology,1999.

Isenberger W. Self-Attitudes of women physical education major students and of women physical education teachers[J]. Research Quarterly. American Association for Health, Physical Education and Recreation,1959,30(1):44-53.

Iso-Ahola S,Hatfield B. Psychology of sports: a social psychological approach[M]. Dubuque:Wm. C. Brown Publishers,1986.

Jowett S, Lavallee D. Social psychology in sport [M]. Champaign: Human Kinetics,2007.

Kane J. Personality profiles of physical education students compared with others[A]. Antonelli F. Psychology of sport-first international congress of psychology of sport[M]. Rome:Italian Association for Sport Psychology,1965:772-775.

Kassin S, Fein S, Markus H. Social psychology (8th)[M]. Belmont: Wads-worth Cengage Learning,2011.

Kenyon G. Assessing attitudes toward sport and physical activity[A]. Antonelli F. Psychology of sport-first international congress of psychology of sport[M]. Rome:Italian Association for Sport Psychology,1965:648-652.

Kenyon G. The social psychology of sport and physical activity[A]. Kenyon G, Grogg T. Contemporary psychology of sport: proceeding of the second international congress of sport psychology[M]. Illinois: The Athletic Institute, 1970: 331-427.

King D, Raymond B, Simon-Thomas J. History of sport psychology in cultural magazines of the Victorian Era[J]. The Sport Psychologist, 1995, 9(3): 376-390.

Kornspan A. Fundamentals of sport and exercise psychology[M]. Champaign: Human Kinetics, 2009.

Kruglanski A, Stroebe W. Handbook of the history of social psychology[M]. NewYork: Psychology Press, 2012.

Kruglanski A. Lay epistemic theory in social-cognitive psychology[J]. Psychological Inquiry, 1990, 1(3): 181-197.

Landers D. Sport psychology: the formative years, 1950—1980[J]. The Sport Psychologist, 1995, 9(9): 406-417.

Landers D. Whatever happened to theory testing in sport psychology?[J]. Journal of Sport Psychology, 1983(5): 135-151.

Lange P, Kruglanski A, Higgins E. Handbook of theories of social psychology[M]. London: SAGE Publications Ltd, 2012.

Lawrence B. Historical perspective: using the past to study the present[J]. The Academy of Management Review, 1984, 9(2): 307-312.

Lenpard W. A sociological perspective of sport (5th)[M]. Boston: Allyn & Bacon, 1998.

Luschen G. Sociology of sport: development, present state, and prospects[J]. Annual Review of Sociology, 1980(6): 315-347.

Martens R. A social psychology of physical activity[J]. Quest, 1970, 14(1): 8-17.

Martens R. Social psychology and physical activity[M]. New York: Harper & Row, 1975.

Mcafee R. Sportsmanship attitudes of sixth, seventh, and eighth grade boys[J]. Research Quarterly. American Association for Health, Physical Education and Recreation, 1955, 26(1): 120.

Mccullagh P. Sport psychology: a historical perspective[J]. The Sport Psychologist,

1995,9(9):363-365.

Messersmith A. Becoming a nurse:the role of communication in professional socialization[D]. Doctoral Dissertation of Kansas University,2008.

Mochel M. Minnesota multiphasic personality inventory as a factor in the selection and guidance of physical education major students[D]. Los Angeles:University of Southern California,1949.

Morris T. Foreword 3[A]. 王进. 当代体育社会心理探索——从理论到实践[M]. 杭州:浙江大学出版社,2013.

Myers D. 社会心理学(第8版)[M]. 侯玉波,乐国安,张智勇,等译. 北京:人民邮电出版社,2006.

Myers D. Social psychology(10th)[M]. New York:McGraw-Hill,2010.

Neill J. Psychology 305/305G social psychology[EB/OL]. http://www.wilderdom.com/305/lectures/History.pdf,2014-10-26.

Ogden T. On three forms of thinking:magical thinking, dream thinking, and transformative thinking[J]. Psychoanal Q,2010,79(2):317-347.

Papaioannou A, Goudas M. Psychology for physical educators[M]. Champaign:Human Kinetics,1999.

Patrick G. The psychology of football[J]. The American Journal of Psychology,1903,14(3/4):104-117.

Purge P, Jurimae J, Jurimae T. Hormonal and psychological adaptation in elite male rowers during prolonged training[J]. Journal of Sport Science,2006,24(10):1075-1082.

Ragsdale C. Personality traits of college majors in physical education[J]. Research Quarterly. American Physical Education Association,1932,3(2):243-248.

Richardson H. A new discipline:the social psychology of sport[J]. Contemporary Education,1972,44(1):24-25.

Rogers W. Social psychology:experimental and critical approaches[M]. New York:McGraw-Hill International,2003.

Rohall D, Milkie M, Lucas J. Social psychology:sociological perspectives(3th)[M]. Upper Saddle River:Pearson Education Inc,2013.

Russell G. The social psychology of sport[M]. New York:Springer-Verlag,1993.

Ryba T, Stambulova N, Wrisberg C. The russian origins of sport psychology: a translation of an early work of A. C. Puni[J]. Journal of Applied Sport Psychology, 2005,17(1):157-169.

Sabo D. Psychosocial impacts of athletic participation on American women: facts and fables[A]. Eitzen D. Sport in contemporary society: an anthology(4th)[M]. New York:St. Martin's Press,1993.

Santayana G. Philosophy on the bleachers[J]. Harvard Monthly,1894(18):181-190.

Sargent D. Interest in sport and physical education as a phase of women's development[J]. Mind & Body,1915,22(12):830-833.

Sehe D. L éducation morale par l éducation physique:psychologie, pedagogie[M]. Soissons:Imp G. Nougarede,1910.

Silcox S. Manners in sport[J]. School,1919,8(1):47-51.

Slepicka P. Psychology of the sport spectator[A]. Biddle S. European perspectives on exercise and sport psychology[M]. Champaign:Human Kinetic Publishers,1995.

Slither E. The attitude of the staff toward school sports[C]. Toronto:Proceedings of the Annual Convention of the Ontario Educational Association,1917.

Smith F. The ethical value of play[C]. Toronto:Proceedings of the Annual Convention of the Ontario Educational Association,1914.

Stolz H. Athletic competition for high school boys[J]. American Physical Education Review,1921,26(2):64-66.

Stryker S. The two psychologies:additional thoughts[J]. Social Forces,1989,68(1):45-54.

Taylor S E,Peplau L A,Sean D O. 社会心理学(第十版)[M]. 谢晓非,谢冬梅,张怡玲,等译. 北京:北京大学出版社,2004.

Tissié P. Psychologie de Iéntrainement intensif[J]. Revue Scientifique,1894,31(4):481-493.

Triplett N. The dynamogenic factors in pacemaking and competition[J]. The American Journal of Psychology,1898,9(4):507-533.

Trope Y. Theory in social psychology:seeing the forest and the trees[J]. Personality & Social Psychology Review,2004,8(2):193-200.

Vaughana G,Guerinb B. A neglected innovator in sports psychology:Norman Triplett and the early history of competitive performance[J]. The International Journal of the History of Sport,1997,14(2):82-99.

Wallace C. Moral influence of college life and training[J]. South Atlantic Quarterly, 1908,7(1):75-82.

Weinberg R,Gould D. Foundations of sport and exercise psychology[M]. Champaign: Human Kinetics Publishers,2003.

Whittenore I. The influence of competition on performance:an experimental study[J]. The Journal of Abnormal Psychology and Social Psychology, 1924, 19(3):236-253.

Woods R B. 体育运动中的社会学问题[M]. 田慧,译. 北京:人民体育出版社,2011.

附录1 体育社会心理学研究议题评审表

假设下列议题发生在体育情境。您可以在电子版问卷中保留您的选项，或打印出来，用笔标记选项，然后拍下照片发到我的邮箱（youmaolin@126.com）。山西大学体育学院游茂林致谢。

待查议题	您的判断			待查议题	您的判断			待查议题	您的判断		
	是	不确定	否		是	不确定	否		是	不确定	否
安全				性格塑造				性别交互影响			
幸运				忍耐疼痛				心理因素			
保密				社会声望				管理心理学问题			
挫折				社会传染				符号交互作用论			
刺激				社会经验				运动风险承担			
气质				应对风格				运动倦怠（burnout）			
赞美				应对策略				体育运动的哲学			
担心				训练意愿				退役对父母的影响			
强迫症				饮食失调				工作-家庭关系			
意志				身体意识				工作-生活关系			
隐瞒				预见能力				运动员退役			
鼓励				饮食行为				组织公民行为			
激励				注意集中				运动员形象			
惰性				注意分散				习得性无助			
嫉妒				注意特征				运动坚持性			
记忆				注意定向				安慰剂效应			
解雇				体育学习				运动心理学综述			
借口				运动体验				运动心理咨询			
努力				体育知识				职业生涯规划			

续表

待查议题	您的判断			待查议题	您的判断			待查议题	您的判断		
	是	不确定	否		是	不确定	否		是	不确定	否
正念				运动习惯				跨文化比较研究			
智力				体育文化				身体意象(body image)			
职业状态				运动迷信				心理动力(momentum)			
纯粹主义				团队建设				人种分布学心理研究			
心理选材				体育美感				体育社会心理学综述			
社会关系				突变理论				应对理论(coping)			
积极主义				自我创造				执教经验与运动成功			
感觉寻求				心理调节				定向(orientation)			
成就定向				自我和谐				群体结构			
锻炼成瘾				完美主义				认知方式			
心理暗示				心境状态				教练员/体育工作人员职业变更			
自立支持				心理特征				认知策略			
文化氛围				执教理念				自我谈话			
离职意向				帮助寻求				观众规模			
伦理问题				种族问题				社会统一(social integration)			

附录 2 Which Topics are Social Psychology of Sport?

You are an expert of sport psychology, and I believe your academic experience will give me some worthy suggestions. What are your personal opinions on the topics in this list? Please consider all of the topics under the context of sport, exercise and physical activity. Please mark your suggestions with a "√" on this form and submit the completed form via E-mail (youmaolin@gmail.com). Alternatively, you may print the form, mark your suggestions with a pencil, then photograph the completed form and submit via E-mail. University of Florida You Maolin.

Topics	Yes	Not Sure	No	Topics	Yes	Not Sure	No	Topics	Yes	Not Sure	No
safety				character building				psychological implications			
lucky				pain tolerance				attention orientation			
keep secret				social contagion				obsessive compulsive disorder			
volition				social experience				effect of gender interaction			
conceal				social prestige				social psychological factors			
reverse				desire of training				management psychology			
stimulation				eating disorder				organizational citizenship behavior			
worry				body perception				effect of symbolic interaction			
experience				eating behaviors				work-family relationship			

附录 2　Which Topics are Social Psychology of Sport?

续表

Topics	Yes	Not Sure	No	Topics	Yes	Not Sure	No	Topics	Yes	Not Sure	No
encourage				attention focus				work-life relationship			
inspire				attention allocation				coaching philosophy			
disposition				attention style				psychological profiles			
praise				coping strategy				talent identification by psychology			
inertia				superstition				philosophy of physical activity			
envy				motor learning				learned helplessness			
memory				predictability				effect of retire on parents			
dismiss				sport acknowledge				literature review of sport psychology			
excuses				career planning				sport psychology consultation			
effort				help seeking				psychological adjustment			
burnout				social relationship				perception of sport aesthetic			
mindfulness				catastrophe theory				cross-cultural comparative research			
intelligence				group construction				achievement orientation			
purism				exercise addiction				psychological momentum			

续表

Topics	Yes	Not Sure	No	Topics	Yes	Not Sure	No	Topics	Yes	Not Sure	No
coping style				athlete image				ethnography research in psychology			
positivism				sensation seeking				perceived autonomy support			
self-creation				cultural climate				cognition strategy			
risk-taking				turnover intention				sport experiences and success			
adherence				effect of placebo				self-consistency			
body image				perfectionism				social integration			
career state				exercise habit				cognition style			
orientation				mood state				group composition			
culture				coping theory				race issues			
crowd size				athlete retire				self-talk			
change job				ethic issues				literature review of social psychology in sports			

附录3 邀请国外研究者参与问卷调查的邮件

Dear Dr./Professor _____:

Excuse me. I am sorry to disturb you, and beg your academic support for my research. I readed your excellent works on social psychology of sport, such as _____. I know you are very busy, but I really need your help, so I encouraged myself write you.

I know it's not easy to answer this questionnaire, but my reseach stopped here.

Social psychology in sport which is not a new idea, but it's still not an independent discipline. I read 8 books which named social psychology of sport or the similar, the authors showed their personal views except the key topics. I think it's the basic work to make clear the research topics of social psychology in sport.

What should I do? Obviously, the literatures didn't tell me all, hence I need your helps. Many sport psychologists' academic experience will give me a very worthy guidance. According to this thinking I decide to make a questionnaire, it inlcudes all of the topics which I collected from 21 journals and 8 books but they are rarely mentioned in 13 textbooks of social psychology.

How to justify these topics? I think the only valid evidence is the sport psychology researchers' academic experience.

Your personal views are very important for this research. Would you like to spend 20 minutes for my questionnaire? And would you like to introduce this questionnaire to some Doctors and Doctor candidates whose major is sport psychology or social psychology? I just want to know the personal suggestions to social psychology in sport.

Beg your pardon, and I hope you will give me your suggestions.

Thank you so much!

You Maolin

I need your suggestions to justify the research topics of social psychology in sport.

附录4 20名中外运动心理学家对体育社会心理学的认知

C01：体育社会心理学，实际上研究的是体育中的社会现象。体育在我们学界是很大的一个范畴，Physical Education 与 Sport 有明显区别，与社会有关的一些心理、观众效应、教练员-运动员关系、团队凝聚力都是运动中涉及的问题，实际上也是一个社会问题。运动心理学解决的是运动中的问题，体育社会心理学也包括它的研究范畴。体育首先是研究人的行为问题，它肯定离不开社会问题。在我们国家体育是一个泛指，它应该包括学校体育、锻炼体育、群众体育、竞技体育中所有与社会有关的问题，体育社会心理学以专业化视角来讨论体育中的社会心理现象，运动心理学、体育心理学所涉及的只是一个部分，但不专业，不能自成为一个体系。要把体育中的社会心理现象囊括起来，形成一个理论体系。

C02：从社会心理学的角度来看，应把它转到体育社会心理学角度，因为体育社会心理学主要来源于社会心理学。社会心理学包括两大部分：个体的和群体的，研究的都是社会心理现象。从体育领域来看，个体的方面包括体育社会心理学可能在运动心理学和锻炼心理学两个领域都有可研究的内容，如果这样的话，对于个体方面而言，就包括运动员参与体育的动机、体育态度（体育态度用在大众锻炼方面更多一些）、运动中的暴力和攻击现象、归因，这些我觉得是属于个体方面的社会心理现象研究。在群体方面，比较典型的就是团体凝聚力，有一个领域我觉得现在越来越受到关注，就是教练员的领导行为，或者它包含的教练员与运动员的关系，北京奥运会的主场效应、观众效应都可以放在群体里面。

C03：体育社会心理学是一门关于社会互动及其结果的科学，主要研究个体与他人或与群体在体育中的关系和行为。

C04：体育活动中人与人的关系、竞争性、暴力和攻击是体育社会心理学区别于社会心理学的本质差别。体育社会心理学作为体育社会学的分支，社会心理学中的体育现象和体育背景下的社会心理学,两者相辅相成,没有严格区分,共同构筑体育社会心理学。

C05:我想重申:体育社会心理学不是本人的研究方向,只是在当年作博士论文时,才有所涉及。根据我自己查阅的文献,以及参加2009年、2013年两届世界运动心理学大会,我感觉到运动中的社会心理学问题受到越来越多的关注。但就目前的发展状况而言,这一领域还只能算作体育运动心理学的一个发展领域(与个体运动心理、健康与自我调节相平行)。因为一类知识若上升为一门独立学科需要具备三个条件:独立的研究对象、独立的研究方法、经系统的研究而形成的完整知识体系。体育社会心理学可能具备了前面两个条件,但第三个条件我认为尚不充分。个人理解的体育社会心理学的性质是:研究竞技运动和大众健身活动中的社会心理问题的专门领域(待成熟后可上升为学科)。它是社会心理学在体育运动领域的应用。为此,体育社会心理学的研究既应遵循运动心理学的研究模式,也应以社会心理学作为母学科,这样发展应该最规范。

C06:实际上是用社会心理学的理论解释体育运动中的一些心理现象,国外有专门的著作就叫《体育社会心理学》。

C07:体育社会心理学研究的应该是体育运动情景下的社会心理学问题,在进行相关的研究时应该特别考虑一个国家特有的社会文化背景,同时相关的研究应与时俱进,与当下的社会热点相关。

C08:我个人认为,体育社会心理学是一门研究人们在体育社会化过程中的心理和行为特点的科学。它是介于体育社会学和运动心理学的一门交叉学科。传统的运动心理学注重研究个体自身心理属性对运动行为的影响作用,而体育社会心理学扩展了运动心理学的研究外延,考查个体在体育活动情景下,社会化进程发展中的心理和行为的特点及规律。

C09:体育社会心理学是研究体育运动主体的思想、情感和行为受体育运动情境中他人影响的科学。

CTW01：运动心理学主要是研究在运动情境中人的行为及心理历程的科学，然而，这门学术有许多不同的研究取向，例如研究人的行为可以采取较微观的神经科学的取向，探讨脑神经与行为的关系；也可以透过较宏观的社会心理学取向，探讨人在与社会环境互动的过程中个体的行为。而运动社会心理学就是以社会心理学的取向，探讨在运动情境中人的认知、情意与行为。例如教练领导、团队凝聚力、观众对运动表现的影响、运动动机等议题。

CTW02：运动或体育社会心理学是运动心理学的分支，它主要是聚焦在探讨运动情境中人与人的互动所产生的一些行为现象。

CTW03："Social Psychology in Sport"，我将它翻译为"运动社会心理学"而不是"体育社会心理学"。相信你已知道 AASP 对它的说明是："Social Psychology focuses on individual and group processes in sport and exercise settings. This area applies social psychological principles in examining factors related to the sport participant, coach, team, and spectator."至于你希望我用几句话概括性的、个人的见解来说明，则我一向喜欢以 Gordon Allport（1985）的《社会心理学》定义为基础，他说："to understand and explain how the thought, feeling and behavior of individuals are influenced by the actual, imagined or implied presence of other human beings"。所以我个人的见解是："运动社会心理学是探讨个体在运动领域的行为与心智历程如何受到真实的、想象的或暗示的他人存在所影响的一门科学"。

CTW04：社会心理学被界定为"一门探讨个人在社会情境中的情感、思想和行为如何受到实际的、想象的或隐含的他人的存在影响的一门科学领域"。社会心理学家对于解释人类社会行为、感觉、思想、信念、态度、意图和目标感到兴趣。外显行为可以客观地测量，而看不见的历程（如思想和感觉）则可以由行为推断。看不见的历程（如思想和感情）非常重要，因为它们可能直接影响或间接决定外显的行为。为什么社会心理学要使用"社会"一词呢？

■ 附录4 20名中外运动心理学家对体育社会心理学的认知

是因为社会心理学探讨人们如何受到有形存在,或想象中存在,或隐含将要存在的他人所影响。社会心理学应用科学方法以系统和组织的方式建构和测试理论。社会心理学包含数量庞大而且相当抽象的概念,如领导、关系、动机,以及解释社会行为的自我概念。这些概念透过理论(几组互相关联的构念和原理)描述和解释,它们由社会心理学家所发展出来,用以让社会行为更有意义。社会心理学理论乃透过数据产生或从以前的理论而发展出来。接着进行收集资料以实证研究测试理论。整体而言,本书把社会心理学看成是一种以科学方法研究个体在社会情境中如何思想、感受和行动的科学研究领域。

运动社会心理学在探讨竞技运动中社会心理学的范围,当代运动心理学者探讨相当大范围的主题,包括社会关系、沟通、教练领导、团队凝聚力、动机和动机气候、自我呈现、个人知觉、效能信息、观众效应、社会支持、父母教养、道德以及运动情境中的热情。

EA01:I studied Triplett as one of the founders in social psychology of sport. However, my concern with this limited view is that it is mono-cultural. Hence, I am left to wonder whether other countries outside of the US were not earlier founders of this sort of work, or something that scholars generally know little about. This is the very reason why in my forthcoming "*Routledge International Handbook of Sport Psychology*", there will be an entire section about sport psychology histories form around the world. Presently I am in Kazakstan working at the World Boxing Championships. I hope this helps you. I cannot (obviously) answer the question you are asking by E-mail. It is such a large question that it would require an entire book to answer your question.

EA02:This is a very big question, and one that will take some time to answer via E-mail. With the hope of facilitating this response, I have attached a copy of a presentation that I use to introduce the topic to an introductory social psychology of sport class. I hope that this helps.

Social psychology is an extremely broad and diverse field that encompasses much of what we do in sport and exercise psychology. Because of this, defining it in only a few sentences will not be easy or all encompassing. However, here you go.

Social psychology of sport is the study of how people's thoughts, feelings and actions within sport and the sport setting are influenced by those with whom they interact in that sport setting and beyond. It is more of a study about how and why people are influenced in similar ways than what makes them different. It looks at how and why people behave in sport settings based upon their immediate interactions with others, past or expected future interactions, and group processes. Basically, we do not act within a vacuum, as we are influenced by our environment. Social psychology of sport looks to understand how the social environment that surrounds us within sport influences our behaviors.

EA03: You are correct. This is a big question and it is a bit confusing. Here are just a few basic points from my perspective, this is my opinion, not "the truth" (which is something that I don't believe in!)

First social psychology is a category within psychology. It deals with psychological processes that involve groups or at least interactions between two people.

In the early days of modern sport psychology in North America (1960s, 1970s, maybe 1980s) people in the field who mainly came from physical education, not psychology coined the term "social psychology of sport", but it did not really correspond to the content of social psychology in mainstream psychology. It just seemed to be a way of distinguishing areas that people in sport psychology were interested in from motor learning, which was an established discipline.

In the UK and other areas the term "social psychology of sport" has never been popular. We just talk about sport psychology to include Both those areas that are purely psychological and those that are social psychological.

That is what I'd advise you to follow and just look at sport psychology to understand what we study.

EA04: I will attach an article based on a presentation that gives much of my views. Social psychology and sport-puts more emphasis on "social" psychology v psychophysiology or underlying processes. It's an issue on emphasis but still part of psychology and sport.

EA05: In my opinion, the social psychology of sport is really the study of human behavior from a social perspective. That is, researchers in this area examine if and how social factors (factors in individuals' social environment) affect the individual's behavior in sport contexts.

EA06: Thanks for the question. I must say that the response is easy… Just think about social psychology in general that focus on human interactions and think of that in the context of sport.

EA07: The way I view the social psychology of sport is that the focus of the social psychology of sport is related to how individuals interact with others within a group.

附录5 辨别体育社会心理学研究内容的技术方法的访谈信息

1. 如果由您判断一个议题（如动机、人际关系）是否属于体育社会心理学研究，依据是什么？除了社会心理学定义，有没有其他理由？(If we consider whether a topic (for example motivation, relationship and cohesion, etc) is social psychological study in sports, what are the reasons? Beside the definition of social psychology, are there some other reasons?)

C: First, there are very few books that are titled "*Social Psychology of Sport*". This is because the title "*Sport Psychology*" includes social psychology. "Social" means "environmental" or the conditions under which sport and exercise is performed. "Psychology" means the individual's characteristics that influence his/her thoughts, emotions, and behavior/performance. So, social psychology represents the factors that influence a combination of the athlete's personal characteristics and the environmental conditions that collectively influence-good or bad/favorably or unfavorably-sport performance. Again, is the combination of personal and environmental factors that lead to better (or worse) sport and exercise performance.

D: As mentioned before in our discussions, it is very difficult to identify what topics are social psychology, especially when the topics that you sent were just listings of issues, without further depth to them. Personally, I feel that there was a great deal of subjectivity in my responses to you, as I had to interpret what it was that I think you were trying to get at, which was not at all clear to me from such a short description. Further, almost any topics can be considered a social psychology topic if it includes social issues within the research focus. Therefore, I fall back on the basic definition of social psychology, specifically related to sport. It is a component of the research that looks at how thoughts, feelings and behaviors are influenced by others (their presence, implied presence, or imagined presence). Therefore, from this perspective, all of the concepts that you have identified in your survey can be social psychology concepts, depending upon the context with which they are investigated. The answer lies more within how they are researched than it does within the concept itself. I do think that Social Psychology is in almost everything that we do. I also think that it can be defined differently by many different people.

F:A key element of social psychology pertains to the scientific study of human interaction in the sport context. This can have many dimensions that concern individual performance-related objectives, leadership/management/coaching, the fulfilment of psychological needs, etc.

E:体育社会心理学需要与运动心理学、社会心理学、体育社会学、心理学区别开,但它们又是有联系的。具体地讲,"动机"应该放在体育情景中讨论群体相关的动机,才能算体育社会心理学的选题。"人际关系"应该放在体育情景中来讨论才是体育社会心理学。这是其他学科所不具备的,也是区别于其他学科的依据,以这样的思路,相对于这些关联性学科,"体育社会心理学"应该是一门更具体、更深刻的理论体系,同时也是更能解释体育社会行为的一个理论体系。

G:基本上,可以思考何谓"social psychology",是指由人际环境互动之后所造成的一些心理反应或特征,这样就比较清楚。如果研究议题与这个方向有关,大概就可以将其归纳为"social psychology for sport or exercise"的领域了。

2.您来判断一个议题是不是体育社会心理学研究,您会基于哪些原则或标准来作出判断呢?(Which standards you will used to consider whether a topic is social psychological study in sports?)

C:Most research is social psychology of sport when you examine how environmental factors influence psychological factors, and how they both influence performance. It all depends on your research question. The question could be how some condition or situation influences the athlete's thoughts, emotions, or performance (or all three). Researchers do not label their research as "social psychological". This is a concept that explains one component of sport psychology.

D:If you found these topics from a search of the literature related to social psychology of sport in journals and in books, then yes, they are all social psychology of sport topics. Social psychology is in most of the research that we do. It is a component of the research that looks at how thoughts, feelings and behaviors are influenced by others (their presence, implied presence, or imagined presence).

E:关于社会心理学的理论构建应该是从现象学开始,体育社会心理学也不例外,所以,你要注意可能的走入误区,就是认为主观地强制把某些词语归入某类体系,而实际上社会心理问题的思考,本身就可能跨到多个体系中。这里面关键是体育、社会和心理这几个关键词。也就是说,我们无论是在构建理论体系,还是在选题上,都必须考虑这三个元素。

3. 您能不能从技术上给我一些建议?我该怎么去做这个研究比较好?(Would you like to give me some technical advises? What should I do for this research?)

C:This comes from reading the existing literature and having previously published article inform you (the reader) what type of research is needed. Read a few sport psychology books and articles to get an idea of what interests you and then read as much as you can of related studies that will inform you what type of research in a given area is needed. There are several other components of sport psychology such as chinical, psychophysiological, personality, exercise psychology, and others. So, I suggest you determine from recent journals what areas and topics need further study, then ask a research question that attempts to address that issue. It may or may not be social psychology, and that's not important. Conducting a study that extends current knowledge is the important issue.

D: Would it be possible for you to do a qualitative study related to professional's perspectives of "social psychology of sport". Maybe assess how social psychology influences the work that they conduct and read? How they perceive social psychology to influence the field of sport psychology?

E: 你首先应该研究编码标准,确定你的信息选择标准作为校标,这是最重要的理论依据,这个校标的正确与否决定你的成败,以我的判断应该是我提到的体育社会心理学的三元素,围绕这三元素进行论证,有了校标,再进行专家访谈,用开放式调查收集信息,确定研究体系内容。

附录6 8部体育社会心理学著作载文情况

作者(年份)	著作名称	分 类
Carron (1980)	*Social Psychology of Sport*	运动员:个性、动机 教练员:领导特征和动力、教练员-运动员互动 团队:团队特征、结构、沟通和一致性、团体动力、团队凝聚力 观众:社会促进
Cratty (1981)	*Social Psychology in Athletics*	理论和模型:精神分析理论、强化论者、场理论、角色理论、团队个性、认知理论 早期社会经验与后期运动参与:早期社会环境和经验的影响、父母态度对儿童运动参与的影响、出生顺序和家庭结构与运动参与、成就需要、通过儿童和成人时期的体育运动获得地位 竞争与合作:竞争与合作、攻击 团队凝聚力 运动员动机:动机、因果归因 团队动机与愿望:团队动机、团队目标设置、成功需要 运动中的攻击 观众效应:社会促进、焦虑、跨性别效应、训练效应 动作学习理论:理想模型、理想与实施之间的差异、图式和潜在技术 领导:领导行为、教练员-运动员关系 压力与运动队
黄金柱 (1985)	体育社会心理学	早期社会经验与以后的运动参与 竞争与合作 团队凝聚 社会环境中选手的动机 团队动机和抱负 运动团队的人际沟通 社会化过程 态度 运动选手和人格

续表

作者（年份）	著作名称	分　类
黄金柱 （1985）	体育社会心理学	运动攻击 社会促进和观众影响 从社会心理学观点论运动学习 领导效率和教练-选手交互关系 领导理论和教练领导行为 干扰和运动团队（干扰理论） 运动团队种类、组成和团队关系的改变
Iso-Ahola 和 Hatfield （1986）	*Psychology of Sports：A Social Psychological Approach*	参加体育活动的社会心理学：社会化、胜任特征、目标设置、小联盟、个性发展 争取运动成绩的社会心理学：目标设置、心理特征、忍痛、竞赛焦虑、执教心理、团队凝聚力 观众的社会心理学：社会促进、竞技体育对观众的影响
Russell （1993）	*The Social Psychology of Sport*	动机：需要层次理论、公平理论、认知评估理论、压力寻求者、感觉寻求 绩效与社会影响：年龄效应、期望作用、社会影响理论、主场效应、例外、群体规模 社会理论与绩效：归因、自我设限、借口、自我效能 团体动力：团队凝聚力、忠诚、社会惰化、竞争与合作 领导 体育英雄 个性 运动攻击 宣泄 观众与群体行为：观赛动机、观众结构、骚乱、暴动
Hagger 和 Chatzisarantis（2005）	*The Social Psychology of Exercise and Sport*	锻炼社会心理学：锻炼和健康的社会心理学、锻炼行为的社会认知理论、从锻炼意图到锻炼行为以及退出锻炼、锻炼和身体自我 竞技运动社会心理学：竞技运动中的社会心理学和动机、运动员情绪、运动中的团队过程、攻击和群体暴力

续表

作者(年份)	著作名称	分类
Jowett 和 Lavallee (2007)	*Social Psychology in Sport*	体育运动中的人际关系:教练员-运动员关系、同辈关系 教练员领导和团体动力:教练员领导的多维模型、执教行为的社会认知、团队凝聚力、观众效应 动机氛围 体育运动中的关键社会和认知过程:身体自我(自我概念、自我描述)、效能信念(角色效能、集体效能、执教效能)、对他人的感知(对他人性格和动机的感知)、自我设限、自我呈现 广义运动情境中的运动员:社会支持效应、家长和职业转换、运动激情、体育道德、运动心理学的跨文化研究
王进(2013)	当代体育社会心理探索——从理论到实践	体育社会心理学的相关理论:体育社会心理学的理论研究、锻炼行为的社会认知理论、体育活动动机理论、锻炼和身体活动中自尊的多维分级模型、印象管理理论、社会认知理论、团队角色效应解释理论、体育休闲行为与生活质量的解释理论 体育活动的参与程度和兴趣:体育活动参与、青少年体育活动参与程度研究、青少年体育活动的参与兴趣、体育锻炼动机冲突 体育中的社会认知:青少年形体的社会认知、体育中的完美主义 体育活动中的人际关系:体育活动中的人际关系与动机、竞技体育中的人际效应、教练员与运动员的关系、人际理论的诠释、体育人际关系的测量、体育中人际关系研究的方向 体育活动的社会行为:体育活动中领导行为与团队合作、体育博彩行为、体育赞助行为、体育竞赛中的不良行为、体育骚乱行为、体育群体行为的社会心理学分析、社会行为的调节 体育社会心理学关注的问题:体育社会心理学的研究前沿、自我概念的应用研究、自我决定理论的应用研究、逆理论的应用研究、社会归因的研究、运动角色的研究、概率模型的应用、体育活动动机的研究、"符号交互作用论"、主场效应的研究、运动表现判断"偏差"的社会认知研究、体育社会认知的研究、运动锻炼减少的解释、流畅体验的文化研究、体育文化心理研究、人种分布学心理研究

附录7 11部社会心理学著作载文情况

作者(年份)	著作名称	分类
Kruglanski 和 Stroebe (2012)	*Handbook of the History of Social Psychology*	认知系统：预测、期望、社会判断、自动思考、信息生态学、知识活动、因果解释、从社会知觉到知识基础的因果归因、态度改变、社会判断中元认知的作用、心理呈现、标准、决策、心理距离 个人动机系统：感觉和现象体验、冲动在社会行为中的作用、社会认同和自我调节、价值、基本人类需要、目标、自我调节和执行功能、自我利益与超越、社会交互的基本过程 人际系统：人际信任的基础、谈判心理学、基础沟通、依附理论、社会力量 团体和文化系统：团体间关系的社会心理学、社会分层、团体内偏见和团体外偏见、领导的社会心理学、动态社会心理学、包含与剔除、团队过程的应用、文化过程 应用社会心理学：心理学与法律、社会工程体系和解的规则性和描述性制度、理论和实践的相互关系、社会心理学和健康行为、社会心理学对临床心理学的贡献、顾客行为与市场、心理学与政策、组织行为、社会活动
Fletcher 和 Clark(2003)	*Blackwell Handbook of Social Psychology*	人际现象：态度、态度改变、心理呈现和记忆、社会生活中的控制与自主、行为决策和判断、动机、情感、非言语交流、语言和社会行为 社会影响：社会规则、遵从和顺从、吸引和亲密关系、利他与亲社会行为、攻击和反社会行为、陈旧观念、偏见和歧视 个人现象：个性和社会行为、自我、儿童和青少年的社会发展、性别 集体现象：小团体、社会冲突、社会污名、团队间关系、社会公正与社会活动 多维视角：健康行为、心理学与法律、认知组织、改变和辩论、社会心理学与社会政策、社会心理学的文化融合、进化中的社会心理学

续表

作者（年份）	著作名称	分　类
Lange 等（2012）	*Handbook of Theories of Social Psychology*	自我控制理论、自我证明理论、内隐理论（implicit theory）、不确定身份理论、最优特质理论、攻击的认知联结理论、需要-追随理论、社交传感器理论、依附理论、共同现实理论、亲密关系中的平等理论、承诺过程的投资模型、相互关系理论、相互依赖理论、合作-竞争理论、规范行为焦点理论、系统辩解理论、公正理论、少数派影响理论、社会认同理论、社会分层理论、社会优势理论、一般团体内认同模型、社会角色理论、社会呈现理论、个体主义和集体主义理论、进化理论和人的社会行为、动机的归因理论、社会认知理论、动机/情感、自我决定理论、计划行为理论、社会比较理论、调节关注理论、行为自我调节模型
Kassin 等（2011）	*Social Psychology*	情绪、动机和认知整合、生理和进化视角、文化视角、行为经历、体验认知和其他交叉学科途径、新技术和网络世界 社会知觉：社会自我-自我概念、自尊（自我差异理论、自我警觉、自我调节、讽刺的心理过程、自我强化机制、文化与自尊）、自我呈现（战略性自我呈现、自我证明、自我监管）、对人的感知（身体外表、情境的感知、行为证据、从欺骗中发现真实）、归因、从性格到印象、遵从偏见（从印象到现实、自我实现）、陈旧观念、偏见和歧视 社会影响：态度、通过沟通劝说、通过我们自己的行动劝说、遵从（conformity, compliance, obedience）、攻击和暴力、亲密关系、利他主义
Hogg 和 Cooper（2007）	*The SAGE Handbook of Social Psychology*	个体过程：社会推理与社会记忆、陈旧观念与印象形成、自我形象、态度、情感和情绪、归因和人的知觉 人际过程：态度改变、人际吸引和亲密关系、利他主义和帮助行为、攻击 团队过程：社会绩效、控制和改变的社会影响过程、遵从和顺从权威与革新 团队间过程与社会：团队间行为与社会认同、文化多样化的社会心理学、社会陈旧观念、偏见和歧视

续表

作者(年份)	著作名称	分 类
Bordens 和 Horowitz (2008)	*Social Psychology*	理解社会行为 社会自我：自我概念、自尊、自我警觉、自我知识、自我控制、自我呈现、自我监管、自我设限、给他人的印象 社会知觉(了解其他人)：印象形成——自动性与社会知觉；他人给我们的印象；我们需要阅人吗？——自信与印象形成 归因过程：确定人们为什么那样干、归因偏见、认知积极主义与幸福、偏见与歧视、陈旧观念与偏见、个性与偏见、态度、劝说与态度改变、遵从、服从和顺从(conformity, compliance, obedience)、社会准则、不顺从 团队过程：团队中的角色、形成基本需要、观众影响、团体参与影响、团队、认同(self-identity)和团队内关系、团队决策与团队生产 亲密关系：人际吸引、遵从与亲密、孤独与社会焦虑、爱和亲密关系、亲密关系结构、身体吸引、吸引、偏见、漂亮观、友谊 人与人之间的攻击：对攻击的社会学习解释、攻击的社会化、家庭在攻击行为发展中的作用、儿童羞辱和忽视、家庭解体、文化对暴力行为的作用、电视对教育攻击行为的作用、观看性暴力对攻击的影响、减少攻击 利他主义：突发事件中的帮助、增加获助的机会、非突发事件中的帮助、环境和个性的影响
Baron 和 Branscombe (2012)	*Social Psychology*	社会动机、建议、模仿和同情、个性和文化、社会知觉、个人知觉(perception)、父母-儿童关系、社会刺激与语言、社会规则和社会控制、公共观点(public opinion)、谣言、宣传、流行、款式、时尚和狂热、领导和精神面貌、群体和团体心理、公共意志、团队紧张与社会冲突、社会改变、社会进步、新闻自由、民主及其问题、种族和种族主义、改革的心理学、战争与和平社会心理学
Hogg 和 Vaughan (2011)	*Social Psychology*	社会知觉和归因、社会认知、自我、态度、态度策略和行为改变、社会影响、社会促进、社会规则的影响、团队决策、听从领导、攻击、亲社会行为、社会认同、帮助、遵从、吸引和亲密关系、团体动力、团体绩效和领导、偏见和团队内部关系 文化社会心理学：文化差异、文化与认知、文化与自我建构、人际关系、团队过程、团队间关系、文化间关系

续表

作者(年份)	著作名称	分　类
Myers (2010)	*Social Psychology*	社会思想:社会环境中的自我(自我概念、自我知识、自尊、知觉的自我控制、自我效能、控制点、学习帮助与自我决定、自私偏见、自我呈现、自我设限)、社会信念和判断[知觉我们周围的世界、判断我们周围的世界、解释我们周围的世界(因果归因)、期望]、行为和态度(自我呈现印象管理、自我辩解、自我知觉) 社会影响:基因、文化和性别、遵从和服从、劝说、团体影响 社会关系:偏见、攻击、吸引和亲密、帮助、冲突和创造和平 应用社会心理学:社会心理学在临床中的应用、法庭中的社会心理学、社会心理学和可持续的未来
Delamater 和 Ward(2013)	*Handbook of Social Psychology*	认同理论、社会交换理论、社会结构和个性、儿童和青少年社会化、成年人主要关系、亲密关系和工作关系的社会化 个体过程:社会心理和身体、自我和自我概念、应用语言和社会互动、动机、动力和个人能动性、价值、态度和思想、内因和外显、情感 人际过程:亲密关系、小团体互动、社会网络互动、压力、健康和应对的社会心理学 社会文化背景下的人:性别和种族的社会心理学、团队间关系、异常行为的社会心理学观点、文化视角
乐国安 (2008)	社会心理学	社会化、社会角色、自我意识、社会认知、社会态度、人际关系、人际沟通、侵犯和利他 社会影响:他人在场、从众、服从和顺从、模仿和暗示 群体心理 应用社会心理学:管理、犯罪、心理健康、环境

附录8 基于社会心理学著作内容确认的体育社会心理学研究内容

BB 表示：Baron 和 Branscombe，2012；
BH 表示：Bordens 和 Horowitz，2008；
DW 表示：Delamater 和 Ward，2013；
FC 表示：Fletcher 和 Clark，2003；
HCh 表示：Hagger 和 Chatzisarantis，2005；
HC 表示：Hogg 和 Cooper，2007；
HV 表示：Hogg 和 Vaughan，2011；
KFM 表示：Kassin，Fein，Markus，2011；
KS 表示：Kruglanski 和 Stroebe，2012；
LKH 表示：Lange，Kruglanski，Higgins，2012；
MY 表示：Myers，2010；
RS 表示：Russll，1993；
TPS 表示：Taylor，Peplau，Sears，2006
乐国安表示：乐国安，2008

议题	著作文献	论及次数
自信	MY，HCh，HV，BB，LKH，HC，DW，BH，FC	342
自我强化	乐国安，KS，FC，BH，DW，HC，LKH，BB，KFM，HV，MY	200
自我决定	MY，HC，KS，BH，DW，HV，LKH，BB	105
自我效能	MY，DW，乐国安，RS，HCh，FC，BH，HV，LKH，BB，KFM，HC	146
自恋	乐国安，FC，DW，MY，HV，LKH，BB，KFM	135
自尊	HCh，KS，FC，MY，KFM，HV，BH，DW，LKH，BB	2963
自我监管	HCh，KS，FC，MY，KFM，HV，BH，DW，HC，LKH，BB	77
自我概念（包括自我定向、可能自我、身体自我、自我建模、自我参照）	HCh，乐国安，KS，FC，MY，KFM，HV，BH，DW，HC，LKH，BB	221
自我呈现	KS，FC，MY，KFM，HV，BH，DW，HC，LKH，BB	330
团队心理学	KS，FC，DW，HC，BH，LKH，MY，KFM，HV	39
选择	KS，BH，KFM，FC，DW，HC，LKH，KFM，HV，MY，BB	690
角色	乐国安，MY，KS，BH，KFM，FC，DW，HC，LKH，BB，HV	3237

续表

议题	著作文献	论及次数
人格	KS,BH,KFM,FC,DW,HC,LKH,MY,BB,HV	8374
理想模仿		81
偏好		299
期望		233
威信		68
信念(信仰)		827
依恋		1673
意向		202
诚实		91
同情		116
信任		560
承诺		95
意识		1688
应激		1233
运动参与和犯罪		475
执教风格	KS,BH,DW,LKH,KFM,BB,HV,MY	52
公平	乐国安,RS,KS,FC,BH,DW,HC,LKH,MY,KFM,BB,HV	426
沟通	KS,FC,BH,DW,HC,LKH,MY,KFM,BB,HV	1275
感知对手		1688
价值观		1335
满意度		1106
社会支持感		326
幸福	KS,FC,BH,DW,HC,LKH	624
胜任特征	KS,FC,BH,DW,HC,LKH,BB,HV,TPS,KFM,MY	350
强化		634
社会化		684
适应		68
社会惰化	BH,HC,LKH,BB,KFM,HV,MY	234

■ 附录8 基于社会心理学著作内容确认的体育社会心理学研究内容

续表

议题	著作文献	论及次数
悲哀	KS,FC,BH,DW,HC,LKH,BB,HV,TPS,KFM,MY	196
小联盟运动	KS,FC,BH,DW,HC,LKH,BB,HV,KFM,MY	148
心理健康,心理卫生		297
自我觉察能力		203
自我报告		132
乐趣		319
决策		690
计划行为理论	KS,BH,HC,LKH,BB,KFM,HV,MY	131
身份	KS,FC,BH,DW,HC,LKH,BB,HV,KFM,MY	3852
兴趣		1089
激情		207
体育道德		187
自由	KS,FC,BH,HC,LKH,BB,HV,KFM,MY	188
忠诚		94
社会地位		99
自我关注		51
自我欺骗	KS,FC,BH,DW,HC,LKH,BB,KFM,MY	40
自我实现	RS,MY,HCh,LKH,DW,FC	20
自我设限	MY,乐国安,RS,KFM,HC,BH,FC	36
自我接纳	KS,FC,DW,MY	专章或专节论述
自我监控	BH,DW,KFM,MY	
自卑	乐国安(2008)在社会自我部分予以专门介绍	
学业自我	DW,LKH,MY	
疲劳	KS,BH,BB,KFM,MY	25/专节论述
心理疲劳	KS,BH,LKH,KFM,BB,MY	
父母教养方式	KS,BH,DW,HC,LKH,HV,BB,MY	26/专节论述
英雄效应(榜样)	KS,BH,DW,LKH,HV,KFM,MY	22/专节论述

续表

议题	著作文献	论及次数
工作积极性	KS,FC,HC,LKH,HV,BB,KFM,HV,MY	37/专节论述
生活体验（Flow,观赛体验）	KS,FC,DW,HC,KFM,MY	20/专节论述
退出体育运动（退学）	KS,DW,HC,LKH,BB,KFM,HV,MY	26/专节论述

致　谢

本书是作者 2016 年在山西大学完成的博士学位论文。

这项研究的顺利完成离不开老师们的悉心指导，同学、朋友、同事以及家人的支持和帮助，在此表示深深的谢意！

我要特别感谢我的恩师石岩教授。我对石教授慕名已久，向石教授求学是我多年的夙愿。在没有成为石教授的博士生之前，他就已经热心指导我的科研工作，在上海、武汉、太原等地多次对我的学术问题给予耐心指导，我的多篇论文正是在他的悉心指导下公开发表。

我的博士学位论文定题后，石教授多次帮助我解决学术困惑，不仅提供了许多宝贵的文献资料，而且为我开展专家调查打通国际关系。石教授还一直鼓励我加强国际学术交流，他以自己海外留学的经历和行动，以安排我接待国外专家等方式培养我的国际化视野，在他的熏陶下我产生了留学的念头。我能够赴美访学，离不开恩师的教导和大力支持。

4 年来，山西大学体育学院的领导、老师在学习和科研方面给予我莫大的帮助，使我得以顺利地完成博士研究生阶段的学习，在此谨向体育学院所有领导、老师和工作人员致以诚挚的感谢！特别要感谢李建英院长、李金龙副院长、江声久老师、冯本余副教授、王莹老师对我的教导与支持！

本研究的完成还得益于美国佛罗里达大学的支持。感谢 Michael Sagas 教授和 Timothy Kellison 助理教授给予的指导。感谢佛罗里达大学图书馆的相关工作人员，在文献查阅方面提供的支持。感谢我在佛罗里达大学访学期间的日本同事 Fumio Tsukahara 博士，每次讨论都有收获。感谢 Shintaro Sato 博士，多次讨论我的博士学位论文研究，并给予诚恳的建议。感谢办公室主任 Elizabeth Cody 女士在工作上的支持,感谢电脑工程师 Michael Wrenne 的多次帮助,感谢 Dan Xonnaughton 教授的鼓励和指导。

非常感谢姚家新教授、姒刚彦教授、王进教授、毛志雄教授、陈作松教授、孙延林教授、谢红光教授、杨阿丽教授、段艳平副教授、季力康教授、卢俊宏教授、廖主民教授、黄崇儒教授、洪聪敏教授、Mark Anshel 教授、Robert Schinke 教授、Jack Watson 教授、Sidonio Serpa 教授、Tony Morris 教授、Alan Kornspan 副教授、Daienl Gill 教授、Thelma Horn 教授等专家学者的支持和指导。非常感谢 Daniel Mahony、Akira Asada、Wonseok Jang、Yonghwan Chang、Chris Lonsdale、Remco Polman、Albert Petitpas、Britton Brewer、Claudio Robazza、Jay Coakley、Michael Sagas、Shintaro Sato 等学者能够在百忙中抽出时间完成问卷调查。

非常感谢我的硕士研究生导师王斌教授,他曾经悉心教导我开展科研工作。非常感谢我的师叔夏文教授,师兄贾珍荣、张东军、赵阳,师姐邱芬、许欣、王效红,师弟史文文、胡强、樊荣,师妹丁维维、李娜、李敏等对本研究调查工作的支持,并感谢他们多年来对我的关心和帮助。

感谢山西大学体育学院体育心理学实验室的王效红老师对我的支持和帮助;感谢刘映海、周璠、任宇、王冰、郭纯超、胡强、韩健、赵炎、何素艳、连小刚、周浩、张凯、王宇航、高帧、任磊、高鸿瑞、霍炫伊等同学对我的支持和帮助;感谢我的博士生同学张路、赵岷、赵剑锋、马春雷、郝东升对我的帮助。大家温暖相伴,在一起度过了一段令人难以忘怀的时光。

由于本人才疏学浅以及资料的限制,本书一定存在许多不足与疏漏,望各位专家学者批评、指正,不胜感谢!

作　者

2016 年 10 月